मंटो
एक बदनाम लेखक

विनोद भट्ट

अनुवाद

रमेश याज्ञिक
वृंदा मनजीत

राजकमल पेपरबैक्स

राजकमल पेपरबैक्स में
पहला संस्करण : 1999
सातवाँ संस्करण : 2024

राजकमल पेपरबैक्स : उत्कृष्ट साहित्य के जनसुलभ संस्करण

राजकमल प्रकाशन प्रा. लि.
1-बी, नेताजी सुभाष मार्ग, दरियागंज
नई दिल्ली-110 002
द्वारा प्रकाशित

शाखाएँ : अशोक राजपथ, साइंस कॉलेज के सामने, पटना-800 006
पहली मंजिल, दरबारी बिल्डिंग, महात्मा गांधी मार्ग, प्रयागराज-211 001
1, अनमोल सोराबजी संतुक लेन, धोबी तलाव, मरीन लाइंस, मुम्बई-400 002
वेबसाइट : www.rajkamalprakashan.com
ई-मेल : info@rajkamalprakashan.com

बी.के. ऑफसेट
नवीन शाहदरा, दिल्ली-110 032
द्वारा मुद्रित

मूल्य : ₹199

MANTO : EK BADNAM LEKHAK
Biography by Vinod Bhatt

ISBN : 978-81-7178-731-9

लाहौर की उस क़ब्र को जिसमें
युगांतरकारी कथाकार
सआदत अली हसन मंटो
लंबी नींद सो रहा है

प्लीज़! डोंट डिस्टर्ब हिम

विनोद भट्ट

जन्म : 14 जनवरी, 1938, अहमदाबाद (गुजरात)

शिक्षा : बी.ए., एल.एल.बी.। जीविका के लिए वकालत और लेखन।

गुजरात के विशिष्ट व्यंग्यकार-रचनाकार। लेखन का आरम्भ 1955 से। तब से लघुकथा, निबंध, पत्र, संवाद आदि विभिन्न साहित्य-रूपों में निरंतर हास्य-व्यंग्य लेखन। विभिन्न साहित्य-समारोहों, गोष्ठियों और कवि सम्मेलनों में बतौर संचालक एक अपरिहार्य व्यक्तित्व। पहली बहुचर्चित पुस्तक *विनोद नी नजरे* (विनोद की दृष्टि में)। अब बारह महत्त्वपूर्ण पुस्तकों का प्रकाशन। कुछ रचनाओं का विभिन्न भारतीय भाषाओं में अनुवाद। कई पुस्तकें विभिन्न पुरस्कारों से पुरस्कृत-सम्मानित। कुछ पाठ्यक्रमों में भी सम्मिलित।

प्रमुख रचनाएँ : विनोद नी नजरे, अने हने इतिहास, इदम् चतुर्थम्, नरो वा कुंजरो वा, आँख आडा कान, ग्रंथ नी गरबड़।

निधन : 23 मई, 2018

सआदत हसन मंटो

जन्म : 11 मई, 1912, समराला, जिला लुधियाना (पंजाब)।

शिक्षा : अमृतसर और अलीगढ़ में।

उर्दू के अग्रगण्य कहानीकार। पहली कहानी 'तमाशा' जलियाँवाला बाग कांड से प्रभावित होकर लिखी। 1935 में पहला कहानी-संग्रह 'आतिशपारे' प्रकाशित। फिल्मों के लिए भी कहानियाँ लिखीं पर वहाँ बहुत सफल नहीं रहे। अश्लीलता के आरोप में पाँच कहानियों पर मुकदमे चले। मंटो की संपूर्ण रचनाएँ राजकमल प्रकाशन से 'दस्तावेज' शीर्षक से पाँच खंडों में प्रकाशित हैं।

निधन : 18 जनवरी, 1955

अनुक्रम

बेखौफ़, बेफिकरा इनसान

यूँ तो मुझे बहुत कम लेखकों ने प्रभावित किया है। पर मेरी मुग्धावस्था (किशोरावस्था) में मैंने सआदत हसन मंटो को आकंठ पढ़ा था। मजा उठाया था। मंटो की कहानियाँ मैंने अनेक बार पढ़ी हैं। पर जिस लेखक को अपन पढ़ते हैं उसका प्रभाव अपने कथन पर पड़े, ऐसा सदैव नहीं होता। उसमें भी मंटो पर तो एक वल्गर राइटर यानी अश्लील लेखक का लेबल लग गया था। इसलिए उसकी कहानियों की नकल करना भी दिक्कतवाला काम। अपन गुजराती (अधिकांश भारतीय) कुछ बोदे भी हैं। इसलिए उसकी बहुचर्चित दो कहानियाँ 'खोल दो' और 'ठंडा गोश्त' यहाँ सोफिस्टीकेटेड यानी सुष्ठु-सुष्ठु भाषा में उतारने में काफी मेहनत करनी पड़ी थी।

पाकिस्तानी पत्रकार आदम सुमरो मेरा खास दोस्त। कुछ साल पहले अहमदाबाद आया तो उसने मुझसे पूछा--वहाँ का (पाकिस्तान) कोई काम है? हो तो बता दो। तो मैंने कहा अगर तुम लाहौर जाओ तो मंटो की कब्र पर मेरे नाम से एक अगरबत्ती जलाकर कहना कि इंडिया में तुम्हारा एक चाहक तुमको तहेदिल से याद करता है। ये भी जोड़ना कि कभी पाकिस्तान आना संभव हुआ तो केवल तेरे लिए। तेरी कब्र पर फूल चढ़ाने आऊँगा। बाकी मेरे लिए पाकिस्तान कोई विदेश नहीं है। मेरे मन को तो जैसा अहमदाबाद का कालूपुर है वैसा कराची। पर शायद आदम सुमरो को लगा कि अगरबत्ती जलाकर कब्र में लेटे आदमी से बात करना जमेगा नहीं। उसके साथ तो सामने बैठकर बात करना बेहतर होगा। इसलिए इस साल आदम सुमरो खुद ही मंटो के पास पहुँच गया। मानकर चलते हैं कि उसने मेरा संदेश मंटो

को दे दिया होगा।

कथाकार ओ हेनरी की तरह मंटो भी कहानी के अंत में पाठकों को एक झटका देता है। झटका देने की यह आदत उसने जीवन में भी उतारी थी। इसलिए बयालीस साल की उम्र में ही उसने जल्दी से जीवन भी खत्म कर लिया। उसने चाहा होता तो अपने दुश्मन, दोस्त, उपेंद्रनाथ अश्क की तरह हाल तक जिंदा रहकर अश्क से मीठा-कड़वा मजाक करता। पर उसने तो शराब के साथ अटूट दोस्ती बना ली थी और जिंदगी की आखिरी साँस तक उस दोस्ती को जिंदा रखा हालाँकि शराब ने उसे टिकने नहीं दिया। बेशक वो बयालीस साल में भी भरपूर जिंदगी जी गया और मरने के बाद आज भी जिंदा है।

मंटो महफिल में रहने के बजाए ज्यादा-से-ज्यादा खुद के ही साथ रहता था। भीड़ में भी वह अकेला पड़ जाता। अकेला एकाकी हूँ, ऐसा वो हमेशा महसूस करता। सरदार जाफरी, फैज, अहमद नदीम कासमी, कृशन चंदर, अब्बास, मजाज, शाहिद लतीफ, राजेंद्र सिंह बेदी, इस्मत चुगताई, श्याम, अशोक कुमार जैसी अनेक मित्र हस्तियों के साथ बैठता पर इन सबसे ज्यादा उसकी उदासी के साथ बनती थी। सदैव उसकी आँखों में उदासी का अंजन लगा रहता। बेशक ये दोस्त उसका बहुत खयाल रखते-सँभालते थे। उसकी मानसिक हालत बहुत कमजोर हो गई थी। ऐसे में ही दूसरे के घर के पते पर लिखा एक पत्र मिला जिसमें लिखा था तुरंत आ मिलो। तहसन पिक्चर्सवालों को मिलने गया। वहाँ उसे पता चला कि उसके जिगरी दोस्त तब के प्रसिद्ध फिल्म स्टार श्याम ने तहसन पिक्चर्स को टेलिग्राम में हिदायत दी थी कि मंटो को कहीं से ढूँढ़कर पाँच सौ रुपए दिए जाएँ। मंटो जब ऑफिस पहुँचा तो देखा कि तहसन पिक्चर्स का मैनेजर श्याम को जवाबी तार लिख रहा था कि खूब कोशिश करने के बावजूद मंटो का पता नहीं चल सका है। मंटो को उसी वक्त पर पाँच सौ रुपए का पता चल गया।

मंटो ने अपने बचपन के बारे में कोई खास बात नहीं लिखी है। उसके पिता बहुत उग्र स्वभाव के, कठोर थे। वे सरकारी मुलाजिम थे। इससे ज्यादा अपने वालिद का उल्लेख उसने किया नहीं है। हाँ, अपनी माँ बीबीजान के बारे में अनेक उल्लेख उसने किए हैं। अम्मी की अचानक मृत्यु का तो ऐसा

आघात लगा था कि वो बेहोश हो गया। यूँ भी उसकी जिंदगी में होश के लम्हे (क्षण) बहुत कम थे। बेहोशी में ही वो पूरे होश में रहता था।

मंटो पढ़ने में शुरू से ही डल (गधा)! मंटो और सुप्रसिद्ध कवि फैज अहमद फैज की उम्र के बीच एक साल का ही फर्क था, पर फैज एम. ए. कर अमृतसर कॉलेज में व्याख्याता के रूप में पढ़ाने आए तब मंटो (प्रवेश) परीक्षा में दूसरी बार फेल हुआ। तकदीर अच्छी थी कि मंटो को फैज की क्लास में पढ़ने न बैठना पड़ा। और मंटो जिस विषय में फेल हुआ था—वह था उर्दू। उर्दू ने उसे नापास कर दिया था। अभी एक मित्र ने बताया कि यहाँ एक लड़की ने मंटो की कहानियों पर थीसिस (शोध) लिखी है, डॉक्टरेट के लिए। मंटो के जीते जी अगर किसी ने ये सूचना दी होती कि तुम्हारी कहानियों पर एक छात्रा पी-एच. डी. कर रही है तो वह ठहाका लगाकर हँसा होता। उसकी आँखें भर जातीं, ये सोचकर कि मुझे पढ़ना था पर पढ़ नहीं सका।

आज जैसी खतरनाक बीमारी कैंसर है, वैसी उस जमाने में टी. बी. मानी जाती थी। मंटो को खुद के स्वभाव के सिवा अ-गंभीर या अर्द्ध-गंभीर कुछ रुचता नहीं था। इसलिए उसने टी. बी. को अपने शरीर में आश्रय दे रखा था। रशियन लेखक ऐंटन चेखव को भी यही बीमारी थी। शायद मंटो ये जानता था। महान लेखकों को टी. बी. ही होता है, ऐसी जानकारी के बाद उसने जैसे ये रोग माँग लिया। हालाँकि जीवन में किसी अच्छी आदत को उसने कभी कोई महत्त्व नहीं दिया। स्वास्थ्य के किसी भी नियम की उसने परवाह नहीं की थी।

मंटो भीतर से खूब अस्वस्थ रहता। वो हमेशा सुख के पीछे दौड़ता और सुख उसे देख छुप जाता। खुदकुशी करने की भी इच्छा हुई थी पर उसके लिए जितना चाहिए उतना साहस वह कभी जुटा नहीं सका। इसलिए आत्महत्या द्वारा तत्काल मरना उसने मुल्तवी कर दिया। उसके एवज में धीमे जहर यानी शराब पर ध्यान केंद्रित किया। एक बार उसने नींद की गोलियाँ निगलने का प्रयोग भी करना चाहा पर पता नहीं किन वजहों से वो ऐसा नहीं कर सका।

टी. बी. की बीमारी में कुछ राहत पाने वह बटाला गया। वहाँ एक ग्राम कन्या के प्रति उसका दिल झुक गया। उस लड़की की निगाहों में आने

के लिए वह घंटों रास्ते पर नजरें बिछाकर बैठा रहता। वह लड़की मंटो की ओर देखकर शरमाती और अपनी शर्म के साथ वो वहाँ से भाग जाती। एक बार वो लड़की मंटो के करीब गई, मंटो की जेब में उसने शक्कर की एक डली सरका दी। मंटो इस घटना से गद्‌गद हो गया। उसका संपूर्ण व्यक्तित्व शहद-सा मीठा हो गया। शक्कर की उस डली को जीवन-पर्यंत सँभालकर रखने के लिए प्रेम-पत्र की तरह उसे जेब में रखे रहा। बीच-बीच में जेब पर हाथ घुमाकर वह जैसे सपनों में खो जाता। चींटियों ने उसका शक्कर-स्वप्न गला दिया। उसकी जेब तक पहुँचने की हिम्मत ढेर सारी चींटियों ने की। उसकी खाली जेब चींटियों से भर गई। मंटो सालों तक इस शक्कर-स्नेह को मनोमन चूसता रहा।

वह निडर था। किसी से भी डरता नहीं था। मनमानी करता। एक बार उसने पत्रिका 'मुसव्विर' में अपने कॉलम (स्तंभ) में फिल्म डायरेक्टर कारदार के बारे में लिखा। उसका कॉलम लोगों को कटारी की तरह लगता। कारदार के लिए उसने लिखा, बेशक चतुराई से। कारदार की नई कार का उसने उल्लेख किया पर इशारा तो उसकी नई रखैल की ओर था। कारदार नाराज हुए। खबर भेजी, धुलवाई करवा दूँगा। तब कारदार के दो निजी आदमी थे। एक एस. यू. सनी और दूसरा एम. सादिक (आगे जाकर दोनों निर्देशक के रूप में जाने गए)। इन दोनों के जरिए तुम्हारी पिटाई करवाऊँगा, ये संदेश कारदार ने भेजा। ये सुन मंटो ने कहलवाया कि तुम्हारी इन दोनों के साथ भेजी धमकी को 'मुसव्विर' के अगले अंक में छापूँगा। मंटो की इस प्रति-धमकी से मामला ठंडा पड़ गया था। उसका मिजाज!

नर्तकी सितारा देवी के बारे में जब भी लिखने का मौका मिलता तो मंटो की कलम बाग-बाग हो जाती। सितारा देवी पर अपने शब्दचित्रों में उसने लिखा था—सितारा देवी की जब मैं कल्पना करता हूँ तो वह मुझे बंबई की एक ऐसी पाँच मंजिला इमारत लगती है जिसमें कई फ्लैट और कई कमरे हों। और यह एक हकीकत है कि वह एक वक्त में कई-कई मर्द अपने दिल में बसाए रखती है। कभी-कभी तो डीफेमेटरी यानी बदनामी भरा लगे, ऐसा विधान वो करता। पर किसी ने मंटो के खिलाफ मानहानि का दावा नहीं किया। उसकी बात में कल्पना के रंग के साथ सच्चाई का रंग भी उतना ही

गाढ़ा हुआ करता था। मंटो के गुजर जाने पर सितारा देवी के पास किसी ने मंटो की बात निकाली तो मुँह बिगाड़कर सितारा बोलीं–"बड़ा बदतमीज, बेवकूफ आदमी था। मेरा चैन हराम कर दिया था उसने....."

वह पाकिस्तान चला गया पर वहाँ उसकी आर्थिक हालात और दयनीय हो गई। उसका खयाल था कि पाकिस्तान में सिक्का जम जाएगा। वहाँ जाने के बाद ही उसे समझ में आया कि वो अपनी प्यारी दुनिया छोड़कर गलत जगह आ गया है। हताशा भूलने के लिए रात-दिन पीने लगा। भारत वापस आने की बहुत इच्छा थी। मित्रों को लिखता भी--यार वापस बुला लो। पाकिस्तान में मेरी कोई जगह नहीं है। पर उसका बदमिजाज बर्दाश्त करने की ताकत किस दोस्त में थी।

कहते हैं मंटो के पाकिस्तान जाने के बाद एक बार फिल्म अभिनेता श्याम और शाहिद लतीफ उस फॉरस रोड के अड्डे पर गए जहाँ से मंटो को अपनी कहानियों का कच्चा माल मिलता था। उसके पुराने मुलाकातियों से मिले। पर उनके साथ बात करने को कोई तैयार ही नहीं हुआ। एक औरत ने इतना ही कहा–"आप सब शरीफ लोग हैं। वो कहाँ हैं? उनको लाइए....."

उस मंटो को अब अपन इन कागजों पर देखेंगे।

–विनोद भट्ट

786

अनेक लेखक अपनी रचना लिखने की शुरुआत करने के पहले कागज पर अपने आराध्यदेव का नाम स्मरण करते हैं। मेरे एक लेखक मित्र तो चेक पर भी 'श्री गणेशाय नमः' लिखने के बाद अन्य बातें लिखते हैं। इस तरह आज मैं भी कागज पर 786 लिखने के बाद इस पुस्तिका की शुरुआत कर रहा हूँ। इसकी वजह ये है कि उर्दू के जिस कथाकार सआदत हसन मंटो के बारे में मैं लिखने जा रहा हूँ वह कहानी लिखने के पहले कागज के शीर्ष पर 786 लिखता था और ये 786 बिस्मिल्लाह लिखने के बाद अफसाना (कहानी) अपने आप अवतरित होता। वो कतई आस्तिक या धार्मिक वृत्तिवाला न था। उसने एक ही धर्म स्वीकार किया था, प्रामाणिक लेखन। जिस क्षण जो सच लगे, वह लिखता। यही उसकी प्रतिबद्धता, धार्मिकता, आप जो माने वो। वह न नमाज़ पढ़ता न रोज़े रखता। जिस दिन खाना न मिले उस दिन रोज़ा।

उर्दू साहित्य में मंटो ही एक ऐसा लेखक है जो सबसे ज्यादा बदनाम हुआ है। बेशक बदनाम के उत्तरार्द्ध में भी नाम तो होता ही है, इतना आश्वासन तो अपने आप से लिया होगा। उसका सबसे बड़ा गुनाह तो ये था कि उसने समय से पचहत्तर साल पहले जन्म लिया। हालाँकि समय से पहले अकाल (असामयिक) मरकर उसने खाता बराबर कर दिया था। उस वक्त उसने जो कुछ लिखा वो अगर आज लिखता तो एक भी कहानी के लिए अश्लीलता का मुकदमा न चला होता (आभार टी.वी. चैनल्स का)।

सआदत हसन मंटो का जीवन भी उसकी कहानियों जैसा ही दिलचस्प है। मेरा वह अत्यंत प्रिय लेखक है। वह मुझ अकेले का नहीं बल्कि साहित्य में रुचि रखनेवाले दस में से दस, नहीं, बल्कि ग्यारह का प्रिय लेखक होगा।

मंटो नाम से पहली बार लगा कि वह कोई परदेसी लेखक होगा पर वो तो अपना ही लेखक है। लेखक सब अपने ही होते हैं। वो कभी परदेसी नहीं होते। भौगोलिक सरहदें उन्हें कभी नहीं छूतीं।

बचपन में इस लेखक का मैं इतना दीवाना था कि हाट में या फुटपाथ पर उसकी किताब दिखती तो मैं आठ-दस आने देकर खरीद लेता। उस किताब की एक-दो प्रतियाँ घर में पड़ी हों तो भी मैं उसे ले लेता। सोचता मंटो को यूँ सड़क पर कैसे पड़ा रहने दें। उसकी किताब को बगल में दबाता तो उसकी लावारिस लाश का जैसे कब्जा ले रहा होऊँ, ऐसी भावना होती।

उसकी कहानियाँ मैंने अनेक बार पढ़ी हैं। और, हर बार ऐसा लगा कि उसे पहली बार पढ़ रहा हूँ। तरुणावस्था में उसकी कहानियाँ पढ़ी थीं पर तब भी वे अश्लील नहीं लगी थीं। और आज तो किसी पाठक को जरा भी अश्लील लगने की संभावना नहीं है। बेशक इसके लिए हमें अखबारों में लोटती हुई सैक्सी तसवीरों और सैक्स को समझाने वाले लेखों, स्तंभों का आभार मानना चाहिए।

पुरुष प्रधान समाज तो तब भी था बल्कि आज के मुकाबले ज्यादा प्रभावशाली था। औरत आत्महत्या करने के पहले अपने पति से इजाज़त अवश्य लेती थी। उस ज़माने में मंटो ने औरतों का पक्ष लिया। औरत भी कैसी? समाज जिसे हीन मानता है। पतित मानता है, ऐसी। वेश्याओं को जैसे उसकी कलम समर्पित थी। इन औरतों के सवाल, संवेदना, उदारता, त्याग, प्रेम, समझ आदि को विषय बनाकर उसने कहानियाँ लिखीं। इसी कारण उसे साहित्य में सबसे ज्यादा गालियाँ खाने का सौभाग्य प्राप्त हुआ। यही था उसका पुरस्कार, अवार्ड, सम्मान, रॉयल्टी।

उन दिनों मंटो के अफसाने, लोग घर के कोने में बैठकर एक साँस में पढ़ डालते। फिर बाहर आकर गुस्से में बोलते--ऐसी खुली कहानियाँ लिखी जा सकती हैं? मंटो समाज को बिगाड़ रहा है। उसके पाठक दो हिस्सों में बँट गए थे। एक वर्ग उसे पथ-प्रदर्शक दूत मानता। दूसरी तरफ कितने ही लोगों के मुताबिक मंटो शारीरिक भूख, कामुकता और नग्नता से सराबोर कहानियाँ लिखता। जिनके अपने खुद के दर्जन-डेढ़ दर्जन अधिकृत बच्चे हैं--

ऐसी धार्मिक मनोवृत्तिवाले पुरुष उसे बीमार मानसिकता से ग्रस्त एक लेखक, शैतान कहने से हिचकिचाते नहीं थे और नैतिकता के समर्थक उसको घृणा से देखते थे।

पर मंटो ने ऐसे-वैसे किसी को भी गंभीरता से लिया नहीं था। उनकी परवाह नहीं की थी। वो कहता—जिस युग में हम जी रहे हैं उसके अगर आप जानकार हैं तो मेरी कहानियाँ पढ़िए। और अगर मेरी इन कहानियों को बर्दाश्त नहीं कर सकते तो मान लीजिए कि यह जमाना नाकाबिल-ए-बर्दाश्त (सहनशक्ति के बाहर का) है। मेरी लेखन शैली में कोई बनावट नहीं है। मुझे पब्लीसिटी स्टंट्स पसंद नहीं। लोगों में उत्तेजना पैदा करने के लिए मैं नहीं लिखता। संस्कृति और समाज की चोली से मैं क्या निकालूँगा? जो नग्न है उसके कपड़े मैं कैसे उतरवा सकता हूँ? (तुलनाः हजार लोग इकट्ठा होकर भी एक नंगे आदमी को और ज्यादा नंगा नहीं कर सकते) हालाँकि मैं तो उसे कपड़े पहनाने की कोशिश भी नहीं करता। वो मेरा काम नहीं। दर्जी का काम है। गोकि मंटो की कलम दर्जी की कैंची से भी ज्यादा धारदार थी। वह तेजाब में कलम डुबोकर लिखता था।

ऐसा उसका मिजाज था, बेबाक। किसी का भी लिहाज शर्म किए बगैर उसे जो सच लगता मुँह पर ही कह देता। बेशक वह जानता होगा कि सत्य सापेक्ष है। किसी दोस्त के साथ वह चर्चा कर रहा होता और मित्र का मन उससे मेल न खाता तो वह अपनी आवाज़ थोड़ी बढ़ाकर, आँखें स्थिर कर, दोस्त को, बच्चों को डराता हो ऐसा डराता, उसका मज़ाक उड़ाता। एक दिन उसके मित्र प्रसिद्ध लेखक अहमद नदीम कासमी ने कहा—"मोपासां की एक कहानी के संदर्भ में टॉलस्टाय ने कहा है कि मोपासां ने नायिका को नग्न होकर स्नान करता बताया है, उसकी जगह उसने मात्र ये लिखा होता कि वह स्नान कर रही थी! और मानो ये काफी नहीं था तो लिख देता कि जब वो नहा रही थी उसके शरीर पर पानी की बूँदें दिखाई देती थीं। इतने में ही जो चाहते हैं—कह सकते हैं। तब फिर मोपासां को ये कहने कि क्या जरूरत आन पड़ी कि पानी की उन बूँदों का रंग नायिका के तन जैसा सुनहरा या हलका गुलाबी था।"

मोपासां मंटो का अतिप्रिय लेखक। अपने प्रिय सर्जक के लिए नागवार

गुज़रने वाली टीका सुनते ही मंटो गुस्सा हो गया, बोला—"स्त्री के शरीर के रहस्य की समझ तुम्हें कैसे आएगी? तूने अब तक शादी नहीं की। दारू का स्वाद भी नहीं मालूम। मोपासां की बात तुम्हें कैसे समझ आएगी। जल-बिंदुओं के रंग का वर्णन उसे क्यों योग्य लगा, वह तुम कैसे समझ सकते हो। उसने अगर ऐसा रोमांटिक (रूमानी) वर्णन नहीं किया होता तो स्त्री कितनी सपाट लगती। गुलाबी जल बिंदु तो उसके जीवन को प्रफुल्लता प्रदान करते हैं। किसान स्त्री के बारे में कहानी लिख दी तो ये जरूरी नहीं कि उस किसान स्त्री का मनोविज्ञान भी आप समझें? ये मैं तुम्हें नहीं टॉलस्टाय को कह रहा हूँ। स्त्री के लिए लिखते समय स्त्री बनना पड़ता है। औरत पर लिखते समय तुम कभी औरत बने हो?……तुम्हारे साथ किसी ने छेड़छाड़ की है? किसी अनजान व्यक्ति ने तुम्हारे शरीर को स्पर्श किया है? कभी रोमांचक सिहरन का अनुभव हुआ है तुम्हें?……ये टॉलस्टाय कभी-कभी खबीसपने पर आ जाते हैं। उन्होंने अपनी अन्ना केरेनिना की खुली टाँगों के लिए लिखते वक्त इस भावना का अनुभव नहीं किया होगा जो मोपासां ने नायिका के तन पर गुलाबी बूँदे देखकर किया था। इसलिए, मिस्टर अहमद नदीम कासमी, हकीकत ये है कि तुम साहित्य के विदेशमंत्री हो और मैं गृहमंत्री हूँ। (इसी एक वाक्य में कितना सारा कह डाला)। मेरा अपना रास्ता और मेरी मंजिल दोनों अलग-अलग हैं। नदीम मंटो नहीं बन सकता। टॉलस्टाय टॉलस्टाय है। मोपासां-मोपासां। और मुझे लगता है मैंने एक पेग ज्यादा पी लिया है। चलो अब सो जाएँ…… पर मंटो नींद में हो या जागता हो, पीया हुआ हो या कोरा, वह मंटो ही रहता। वह भूल नहीं सकता था कि वो मंटो है।

आत्मविश्वास उसमें बहुत था। वो जो कुछ लिखता सुप्रीम कोर्ट के आखिरी फैसले जैसा मानता। कोई चुनौती दे तो सामने सुना भी देता। उसकी कहानियों में रंडियों के दलाल एक पात्र के बारे में पढ़कर किसी ने मंटो से कहा—वेश्याओं के दलाल का तुम जैसा चित्रण करते हो वो वैसे नहीं होते। मंटो ने तीखी नजरें उसकी ओर गड़ाकर कहा—मेरी ओर देख। मैं ही वो दलाल खुशिया हूँ……और ये जानकर विख्यात लोक कथाकार देवेंद्र सत्यार्थी ने निश्वास छोड़ते हुए कहा—काश! मैं खुशिया होता……मंटो के पात्रों का भी लोगों पर अच्छा-खासा प्रभाव था।

आदमी मर जाए तो उसी क्षण उसके दुर्गुणों को भी साथ में दफनाने की एक परंपरा अपने यहाँ है। मृत आदमी की प्रशंसा में बहुत झूठ न बोलना हो तो ये कह के छुट्टी पा लेते हैं कि उसकी टोली के दूसरे लोगों से वो कम बदमाश था। पर मंटो की कलम तो आदमी जिंदा हो या मरा हुआ, कोई फर्क नहीं करती थी। उर्दू कवि 'मिराजी' के मरने के बाद मंटो ने 'तीन गोले' शीर्षक से एक संस्मरण लिखा। जिस पत्रिका में छपा उसके एक पाठक ने नाराज होकर संपादक को एक पत्र लिखा। हर एक सभ्य समाज में ऐसा रिवाज है कि शत्रु के मरने के बाद भी उसके लिए अच्छे शब्दों का इस्तेमाल होता है। उसके सद्गुणों को ही याद किया जाता है। प्रसिद्ध लेखिका इस्मत चुगताई ने अपने सगे भाई की मौत के बाद उसे नरकस्थ (दोजखस्त) कहकर जो निर्ममता बताई है वैसी अपनी मंटो साहब ने भी दर्शाई है। वो भी उसी रास्ते पर चल रहे हैं।

यह पढ़कर मंटो ने उतने ही तीखे ढंग से प्रत्युत्तर दिया—ऐसे विश्व, ऐसे समाज को मैं हजार लानत देता हूँ जहाँ ऐसी प्रथा है कि मरनेवाले हर व्यक्ति का चरित्र और उसका व्यक्तित्व लांड्री में भेजा जाता है जहाँ से धुलकर साफ-सुथरा होकर वो बाहर आता है और उसे देवताओं की खूँटी पर लटका दिया जाता है। अजीम बेग चुगताई जो कि एक हास्य लेखक था, उसके मरने के बाद इस्मत ने लेख लिखा था जिसमें भाई के लिए उसकी नापसंदगी जाहिर हुई थी। मैं पूछता हूँ उसमें गलत क्या है?

वो दंभ से बहुत चिढ़ता था। इसी कारण उसकी बोलचाल में हमेशा निरंतरता रहती। उसकी पत्नी सफिया बीमारी से बिस्तर में थी, तब देवेंद्र सत्यार्थी का फोन आया। मंटो ने उसे फोन पर गालियाँ दीं। उसके मन में देवेंद्र के लिए जो छाप थी, उसने उसे जाहिर कर दिया। स्पष्ट कह दिया कि मैं तुमसे मिलना नहीं चाहता। इस घटना के संदर्भ में मंटो ने एक मित्र को पत्र में लिखा--इसके बाद उसने (सत्यार्थी ने) मुझे दो-तीन बार फोन किया। पर मैंने अपना फैसला बदला नहीं। बल्कि उसके इस व्यवहार से मुझे उसके लिए नफरत हो आई। मेरी गालियों के जवाब में उसने मुझे गालियाँ दी होतीं या मेरे हमले का प्रत्युत्तर उसने आक्रामक होकर दिया होता तो मुमकिन है मैं उसके पास जाकर उसे अपने घर ले आता। मेहमान बनाता, मेहमाननवाजी

करता।

ये सब फोन पर सुनकर सफिया ने मुझे भला-बुरा सुनाया। मैंने उसको सुना दिया। मैं हृदय मैं घृणा रख मुँह से प्रेम भरे शब्द नहीं कह सकता।

वो कहा करता कि उसके जीवन में तीन बड़ी घटनाएँ घटीं। एक घटना स्वयं का जन्म, दूसरी घटना उसकी शादी और तीसरी कि अफसानानिगार (कथाकार) बना वह। पर मेरी राय में चौथी इससे भी बड़ी घटना ये घटी कि सआदत हसन मर गया। पर मंटो को अक्षरदेह (शब्दरूप) में छोड़ गया। मंटो अभी भी जिंदा है। हर साल उसकी कम-से-कम तीन-चार किताबें प्रकाशित होती हैं। दिसंबर 1994 के आखिरी हफ्ते में मेरे पास मंटो की दो किताबें 'खुदा की कसम' और 'जलालत' आईं। जिनमें प्रकाशन वर्ष 1995 लिखा है। वो जैसा समय से आगे था उसकी किताबें भी समय से आगे हैं।

वो राजनीति से बहुत दूर रहा। साहित्य की राजनीति से भी। हालाँकि साहित्य की राजनीति से उसे तकलीफ ही हुई। वो राजनीति के संदर्भ में कहता, जितनी गाँधी जी को फिल्मों के लिए है उतनी ही दिलचस्पी मुझे राजनीति के लिए है। गाँधी जी फिल्म नहीं देखते और मैं अखबार नहीं देखता। हालाँकि हम दोनों गलती करते हैं। गाँधी जी को फिल्में देखनी चाहिए और मुझे अखबार पढ़ना चाहिए।

यों देखा जाए तो मंटो ने जो कुछ लिखा है, उससे पढ़ा बहुत कम है। पर हकीकत यह भी है कि जिनके ऊपर साहित्य लिखा जाता है ऐसे बहुत से लोगों को उसने पुस्तक की तरह बारीकी से पढ़ा है—इस मानी में देखें तो उसका अध्ययन विशाल रहा है।

2

जैसा कुछ लोगों को खास अंक के प्रति होता है ऐसा पक्षपात उन अंकों को भी लोगों के प्रति होता होगा। मंटो के जीवन में तीन नंबर का अंक बड़ा

महत्त्वपूर्ण रहा था। उसके साथ उसका अच्छा-खासा लेना-देना रहा था। सआदत हसन मंटो नाम तीन हिस्सों में पूरा होता है। मैट्रिक में वह तीन बार अनुत्तीर्ण हुआ था। बीमारी के समय वह तीन महीने अस्पताल में रहा था। यहाँ भारत में (उस समय इसका नाम हिंदुस्तान था) उसकी तीन कहानियाँ 'बू', 'काली सलवार', 'ठंडा गोश्त' के लिए कोर्ट ने उसे तीन महीने की सज़ा और तीन सौ रुपए जुर्माना भरने को कहा था। उसके तीन सौतेले भाई थे। तीन पुत्रियाँ थीं और तीनों बेटियों के नाम 'न' से शुरू होते थे। निगहत, नशहत, नुसरत। सच्चे मित्र भी सिर्फ तीन थे; अबू सईद कुरैशी, हसन अब्बास और बारी अलैग। वह जीवन में तीन बार बेहोश हुआ था। पहली बार शादी का निमंत्रण-पत्र बाँटते वक्त—सच पूछो तो यह ही होश के पल होते हैं। दूसरी बार उसकी माता के अचानक निधन के आघात से और तीसरी बार अपने नवजात पुत्र वफात की मृत्यु पर और चौथी बार ऐसा बेहोश हुआ कि कभी होश में नहीं आया।

यक्ष ने युधिष्ठिर से पूछा था कि विश्व का सबसे बड़ा कौतुक क्या है? जिसके जवाब में युधिष्ठिर ने बताया था कि मनुष्य नश्वर है, ये जानते हुए भी ऐसा बर्ताव करता है कि जैसे उसे मृत्यु कभी नहीं आनेवाली, उसके आसपास के लोग खत्म हो जाएँगे लेकिन वह खुद अमर है।

जो मनुष्य अपनी मृत्यु से सजग होता है, उसका स्वागत करने के लिए तैयार बैठा है, उसकी ओर हम आदर से झुक जाते हैं, क्योंकि मृत्यु से हमें थोड़ा डर लगता है, यह सोचकर कि हमारे बाद विश्व का क्या होगा? अपने स्वर्गस्थ नाट्यकार चंद्रवदन मेहता ने अपने कमरे में पलंग के नीचे अपनी अंतिम विधि के लिए जरूरी धनराशि एवं दो लंबे बाँस रखे थे ताकि लेने आनेवाला यमराज जब कॉलबेल बजाए या दरवाजा खटखटाए तो तुरंत कह दे 'कम इन'। इसी तरह मंटो को भी पता चल गया था कि उसके पास ज्यादा समय बचा नहीं है इसलिए उसने अपनी कब्र पर रखने के लिए बड़ा पत्थर तैयार कर रखा था। अपनी कब्र के इस पत्थर पर खुदवाया था 'यहाँ सआदत हसन मंटो दफन है, उसके सीने में फने-अफसानानिगारी के सारे असरार व रमोज दफन हैं। वह अब भी मानो मिट्टी के नीचे सोच रहा है कि

वह बड़ा अफसानानिगार है या खुदा?'

यह खुदाई उसने 18 अगस्त, 1954 को करवाई थी। यह पत्थर उसकी कब्र पर बहुत जल्दी रख दिया गया। 5 माह बाद 18 जनवरी, 1955 के रोज उसका निधन हो गया। कुल मिलाकर जितनी 42 वर्ष 8 महीना और 9 दिनों में ले सकते हैं उतनी साँसें उसने लीं, उसकी जितनी साँसें थीं, उतनी कहानियाँ थीं। उसकी कहानियाँ उसके इन्वॉल्वमेंट की वजह से संवेदनों से भरी लगती हैं। आर. के. लक्ष्मण के कार्टून में वह खुद कॉमनमेन की हैसियत से कोई-न-कोई पात्र बनकर हाजिर रहता है परंतु यहाँ अपने 'होने' को वह भाँपने नहीं देता। 'टोबा टेकसिंह' में जो पागल सिख है, वह मंटो है। यह कहानी लिखने से पहले वह पागलखाने में रहकर आया था।

शायद पागलखाने में से ही यह कहानी उसे मिली होगी। कहानियों में मात्र साक्षी बनकर रहना उसे पसंद नहीं आता। उसकी कहानी में वह खुद ही पीड़ा का एक टुकड़ा बनकर गूँजता रहता है, इसी कारण उसके ऊपर पागलपन के दो बार दौरे पड़े। उसकी कलम से निकली कहानियों में उसकी कला की ऊँचाइयों के आगे जातीयता गौण हो जाती है। उदाहरण के तौर पर उसकी कहानी है 'खोल दो'।

चारों ओर आग, लूटपाट, हड़बड़ाहट और गोलीबारी, बीच में बूढ़ा सिराजुद्दीन पागल की तरह तीन घंटे तक भीड़ से अपने आपको बचाता रहा। अपनी 17 वर्ष की बेटी सकीना को आवाज देता रहा। उसकी पत्नी का शव पास में पड़ा था, उसकी आँतें बाहर निकल चुकी थीं। वह मर गई थी, उसकी आँखों के सामने ही उसकी पत्नी ने प्राण त्यागे थे।

पर सकीना कहाँ है? मरते वक्त पत्नी ने कहा था कि मेरी चिंता छोड़ो सकीना को लेकर यहाँ से जल्दी चले जाओ। सकीना उसके पास थी। दोनों नंगे पाँव भागते रहे। भागते-भागते सकीना का दुपट्टा जमीन पर गिर पड़ा। दुपट्टा लेने के लिए वह जमीन पर झुका। सकीना ने चीखते हुए कहा अब्बाजान रहने दीजिए, जाने दीजिए फिर भी स्त्री की आबरू के समान दुपट्टा जमीन से उठा ही लिया। पर सकीना कहाँ है? सकीना को कोई उठा ले गया? छह दिन बाद बुड्ढे ने सिपाहियों से कहा, मेरी बेटी गोरी एवं

अत्यंत रूपवान है, उसकी बड़ी-बड़ी आँखें, काले बाल, दाहिने गाल पर काला तिल है। मेरी इकलौती बेटी है। ढूँढ़ दीजिए, खुदा आपका भला करेगा। उन्होंने आश्वासन दिया कि बेटी मिल जाएगी तो तुरंत तुम्हें जानकारी दे देंगे। दिन गुजरते गए। सिराजुद्दीन सकीना को ढूँढ़ नहीं पाया।

एक शाम आसपास चहल-पहल मची थी, उसने देखा चार-पाँच आदमी किसी को उठाकर ले जा रहे थे। पूछने पर पता चला कि एक लड़की रेलवे की पटरी के पास बेहोश पड़ी थी, लोग उसे अस्पताल ले जा रहे हैं। सिराजुद्दीन को सकीना याद आ गई। वह लोगों के पीछे-पीछे चलने लगा। लोग लड़की को अस्पतालवालों को सौंपकर अपने काम पर चल दिए। वो धीरे से अंदर गया। रूम में कोई नहीं था। स्ट्रेचर पर एक लड़की शववत् लेटी थी। लड़की के गाल पर तिल देखकर सिराजुद्दीन चीख पड़ा ''सकीना!'' डॉक्टर ने रूम में लाईट जला दी। उन्होंने सिराजुद्दीन से पूछा—"क्या है?"

"जी, मैं इसका बाप हूँ....." डॉक्टर ने स्ट्रेचर पर पड़ी हुई लाश को देखा। पल्स (नाड़ी) जाँचकर डॉक्टर ने खिड़की की ओर देखते हुए सिराजुद्दीन से कहा, "खोल दो....." सकीना के निश्चेतन शरीर में प्राण का संचार हुआ। अपने प्राणहीन हाथों से नाड़ा खोलकर उसने सलवार नीचे सरका दी। सिराजुद्दीन ने खुशी से चीखते हुए कहा, "मेरी बेटी जिंदा है।'' डॉक्टर सिर से पैर तक पसीने से तर हो गया।

इस लड़की पर कितना शारीरिक और मानसिक अत्याचार किया गया होगा! "खोल दो" का अर्थ यही होता है! कहीं पर टिप्पणी या सफाई दिए बगैर पाठक की समझ शक्ति पर विश्वास रखकर मंटो ने कहानी यहीं खत्म कर दी है। यही उसका संयम है। इस कहानी को कागज पर उतारते समय मेरा रोम-रोम काँप उठा था। विश्व की कुछ उच्चतम कहानियों में यह कहानी आसानी से शामिल हो सकती है।

मंटो को कभी पाठक का मार्गदर्शक, सलाहकार या दार्शनिक बनने की इच्छा नहीं रही। सिर्फ मित्रता के आधार पर आत्मीयता से कहानी कही है, लिखी है। उसकी कलम में खुलापन बहुत था। अच्छा-अच्छा लिखने के लिए वह बहुत कतराता था। यह लिख सकते हैं और यह नहीं लिख सकते,

ऐसा कोई भेद उसने अपने मन से नहीं बनाया था। उदाहरण के तौर पर इस्मत चुगताई का शब्द चित्र बनाते हुए उसने लिखा है कि उन दिनों प्रगतिशील लेखकों की एक परिषद हैदराबाद में हुई थी। वहाँ कई लड़कियाँ इस्मत को घेर लेतीं और पूछतीं आपने मंटो से शादी क्यों नहीं की। मंटो और इस्मत दोनों प्राणी मिल गए होते तो कितना अच्छा होता! पर दुख की बात तो यह है कि इस्मत ने शाहिद से शादी कर ली।

अपने यहाँ शादी और प्रेम जैसे निजी और नाजुक मामलों में मर्यादा रखी जाती है। कोई कवि नवलकथा के साथ शादी कर ले तो पूछनेवाला शर्म और संकोच से कवि से डरते-डरते पूछता है कि नवलकथा बहन से शादी का प्रस्ताव उन्होंने रखा था या आपने? अपने यहाँ इसको 'मलाजो' कहते हैं। एक विवेचक ने एक दशक पूर्व आधी उम्र की लड़की, अपनी शिष्या से शादी की थी तो लोग आपस में खुसुर-पुसुर करते थे, परंतु इस विषय पर खुल्लमखुल्ला चर्चा करना टाल देते थे। उर्दू, हिंदी लेखक इस विषय पर बोलने-लिखने में बिंदास हैं। मंटो-इस्मत की जोड़ी क्यों नहीं बनी यह लोगों के लिए बड़े दुख का विषय था। इसी बात को बढ़ाते हुए मंटो आगे बताते हैं कि "मैं और इस्मत, अगर मियाँ-बीवी बन गए होते तो इसका प्रभाव आधुनिक साहित्य पर अवश्य पड़ा होता। कहानी बन जाती, कहानी तोड़-फोड़कर पहेली बन जाती। ललित निबंधों की छाती का दूध सूखकर एक विशिष्ट प्रकार का चूर्ण तैयार हो गया होता और यह भी सत्य है कि लग्न करार पर इस्मत का हस्ताक्षर शायद उसका अंतिम दस्तावेज होता।"

जिंदा इनसान और वह भी जब वह देश-भर में अपने नाम से जाना जाता है, उस वक्त उसके जीवन की विस्फोटक निजी बात लिखना काफी खतरनाक होता है। मंटो की कलम ने हर कदम पर इस खतरे को झेला है। उसके दिए शब्दचित्रों में एक चित्र पाकिस्तानी गायिका नूरजहाँ का भी है। नूरजहाँ पहले हिंदुस्तान में थीं। देश के विभाजन के बाद उन्होंने पाकिस्तान को अपनाया। मंटो भी उसी प्रकार पाकिस्तान चला गया था। मंटो ने नूरजहाँ के बारे में लिखा है कि उसका पति शौकत हुसैन अन्य

स्त्री के प्रेम में पागल हुआ, इसलिए नूरजहाँ अपने भूतपूर्व प्रेमी नजर मोहम्मद के और नजदीक चली गई। नजर मोहम्मद यानी पाकिस्तानी क्रिकेट टीम के ओपनिंग बैट्समेन और मुदस्सर नजर के पिता। शौकत हुसैन की गैरहाजिरी में वो उसके घर गया था। नूरजहाँ के साथ उसका प्रेमालाप चल रहा था तब शौकत ने दोनों को रँगे हाथों पकड़ लिया। नजर फँस गया। खुद को बचाने के लिए नजर मोहम्मद ने दूसरी मंजिल से छलाँग लगा दी। प्रेमियों पर भी गुरुत्वाकर्षण का नियम लागू होता है, इसकी शायद उसे खबर नहीं थी। परिणामस्वरूप दाहिने हाथ की हड्डी ऐसी टूटी कि क्रिकेट के लिए वह 'अनफिट' हो गया।

सितारा देवी, नृत्य में जिसका नाम है और आज भी इज्जत से उसका नाम लिया जाता है, का मंटो से छत्तीस का आँकड़ा था। दोनों एक-दूसरे को बेहद नापसंद करते थे। उन दिनों मंटो 'मुसव्विर' का संपादक था। 'बाल की खाल' और 'नितनई' कॉलम में मौका मिलते ही सितारा देवी के खिलाफ लिखता था। यानी चतुराई से सितारा देवी की निजी बातें जाहिर कर देता था। सितारा देवी और उसके प्रेमी नजीर की लड़ाई के बारे में मंटो ने मिर्च-मसाला डालकर लिख दिया था। उसके बाद सितारा के के. आसिफ से संबंधों को उसने बहुत उछाला। मंटो के अलावा कोई अन्य पत्रकार यह सब लिखता तो ये पीली पत्रकारिता कहलाती। अपनी खबर पढ़कर गुस्से में लाल सितारा देवी ने आसिफ से कहा था कि इस आदमी को तुम पीटते क्यों नहीं? या फिर किसी और अखबारवाले से कहो कि मंटो को अपने अखबार में ढेर सारी गालियाँ लिखे। परंतु आसिफ को शायद इस प्रकार की मजाक-मसखरी भाती होगी इसलिए मंटो मार खाने से बच गया।

वह लोगों के बारे में कुछ भी लिखता, उसी प्रकार कुछ लोग उसका भी मजाक-मसखरी करते या उसके विरुद्ध कुछ भी लिखते। इस पर वो खास गौर करता। उसका उल्लेख अपनी पुस्तक में वह जरूर करता। उदाहरण के तौर पर उसने एक पुस्तक 'मंटो के अफसाने' के अर्पण में लिखा था कि अखबार 'दीन दुनिया' देहली के नाम जिसने मेरे खिलाफ सबसे ज्यादा गालियाँ

छापीं। इसी पुस्तक का दूसरा संस्करण निकला तो उसमें लिखा था, एक बार फिर अखबार 'दीन दुनिया' देहली के नाम जिसमें मेरे खिलाफ सबसे ज्यादा गालियाँ छपीं।

शराब की भरी हुई बोतल उसको ज्यादा पसंद थी फिर भी "खाली बोतलें, खाली डिब्बे" का अर्पण : "एक खाली बोतल के नाम....." जिसने उसको बरबाद किया, कहीं का नहीं रहने दिया, उसी दारू की बोतल को उसने पुस्तक अर्पण की।

जिसके बारे में आगे हम विस्तार से बात करनेवाले हैं—उस 'ठंडा गोश्त' कहानी ने उसको बहुत सताया। इस कहानी ने अश्लीलता के आरोप में उसको कोर्ट में खड़ा कर दिया। इसी कहानी के नायक को 'ठंडा गोश्त' पुस्तक अर्पण करते हुए लिखा था; "इसर सिंह के नाम जो हैवान बनकर भी इनसानियत न खो सका....."

बुर्के : "उन औरतों के नाम जिन्हें बुर्कों से नफरत है"। वह जैसा ऑफबीट था, वैसे उसके अर्पण भी थे।

3

सामान्यतः किसी कवि या लेखक से पूछें कि वो कैसे लिखते हैं तो वो हलका-सा मुसकराकर, गला साफ कर नम्र होने का अभिनय करते हुए कहेंगे कि माँ सरस्वती की कृपा है। मुझे वह सतत प्रेरणा देती रहती है, इसीलिए माँ गुर्जरी की यथाशक्ति सेवा करता हूँ। परंतु यही प्रश्न जब मंटो से पूछा जाता तो वह इत्मीनान से जवाब देता कि अपने कमरे में सोफे पर बैठ जाता हूँ, कागज-पेन ले लेता हूँ और बिस्मिल्लाह बोलकर कहानी की शुरुआत करता हूँ, मेरी तीनों बेटियाँ उधम करती रहती हैं, उनके साथ गपशप करता रहता हूँ, उनके बीच का झगड़ा सुलझाता हूँ, कोई मिलने आता है तो उसकी आवभगत भी करता हूँ और कहानी भी लिखता हूँ। सच पूछो तो जैसे मैं खाता हूँ, नहाता हूँ, सिगरेट पीता हूँ और मक्खी मारता हूँ, उसी तरह कहानी लिखता हूँ।

कवि न्हानालाल ने हर रोज कुछ-न-कुछ लिखने का नियम बनाया था। जिस दिन वह कुछ नहीं लिख पाते, उस दिन जीमते समय अपनी पत्नी माणेकबा को कहते 'आज कवि मुफ्त की रोटी खाएगा' जबकि मंटो कहता कि मुझे शराब की तरह लिखने का भी व्यसन पड़ चुका है। मैं कहानी न लिखूँ तो मुझे लगता है जैसे मैंने कपड़े नहीं पहने, (वैसे तो वह कहानी ही पहनता था, कहानी उसके लिए रोटी, कपड़ा और मकान था) नहाया नहीं है या शराब नहीं पी। मैं खास पढ़ा-लिखा नहीं हूँ, यूँ तो मैंने दो दर्जन के करीब पुस्तकें लिखी हैं। परंतु कभी उलझन होती है कि जिसने इतनी सुंदर कहानियाँ लिखी हैं उसके ऊपर कोर्ट में केस चल रहे हैं!

कृष्ण भगवान जिस तरह मथुरा और गोकुल के बीच बँटे हुए थे, उसी तरह मंटो भी शारीरिक और मानसिक तरीके से दो हिस्सों में बँटा हुआ था। उसके हाथ में कलम न हो तब तक वह सिर्फ सआदत हसन रहता, पर उसके हाथ में कलम हो तब वह मंटो बन जाता। लेकिन मूल रूप से निखालिस सर्जक होने के कारण वो अपने लेखन के बारे में खुलासा करता हुआ कहता है, "कहानी मेरे दिमाग में नहीं, जेब में होती है, जिसकी मुझे बिलकुल खबर नहीं होती, इसलिए फिर अपने दिमाग पर जोर देता हूँ कि उसमें से कोई कहानी टपकती है? कहानी लिखने के लिए बहुत जद्दोजहद करता हूँ, एक के बाद एक सिगरेट फूँकने लगता हूँ, पर कहानी मेरे दिमाग में से बाहर नहीं आती, फिर थककर मैं बाँझ स्त्री की तरह सो जाता हूँ। बिन लिखी कहानी का अग्रिम भुगतान मैं उड़ा चुका होता हूँ इसलिए मैं अंदर से अपने आपको कसूरवार समझता और परेशान महसूस करता हूँ। उठकर पक्षियों को दाने डालता हूँ, बच्चियों को झुलाता हूँ, घर के कचरे की साफ-सफाई करता हूँ, घर में इधर-उधर पड़े छोटे जूते उठाकर व्यवस्थित रखता हूँ पर मेरी जेब में पड़ी कम्बख्त कहानी मेरे दिमाग में नहीं आती, इसलिए तड़पता हूँ। बहुत त्रस्त होता हूँ तब बाथरूम में चला जाता हूँ। सुना है कि हर महान व्यक्ति बाथरूम में सोचता है। पर मुझे स्वानुभव से लगता है कि मैं बड़ा आदमी नहीं हूँ, इसलिए बाथरूम में जाकर भी मैं सोच नहीं पाता। फिर उस वक्त मैं अस्वस्थ हो जाता हूँ। यह सब होने के बावजूद मैं हिंदुस्तान और पाकिस्तान का बहुत बड़ा लेखक हूँ, (यह बात

उसने बारंबार कही है, कि वह एक महान लेखक है। यह वाक्य छूत की बीमारी है, हमारे परम मित्र चंद्रकांत बक्षी को भी यह बीमारी लग गई थी) पर इस विषय में मैं कह सकता हूँ कि विवेचकों को मेरे प्रति यह गलतफहमी थी। शायद यह भी हो सकता है कि उनकी आँख में धूल झोंक रहा हूँ। कहानी लिख पाने की स्थिति आती है तब जब मेरी पत्नी सलाह देती है कि ज्यादा सोचना छोड़ दो लिखना शुरू कर दो। उसका कहा मानकर कलम उठाकर मैं लिखना शुरू कर देता हूँ। इस समय मेरा दिमाग खाली और जेब भरी हुई होती है और कोई कहानी अपने आप उछलकर बाहर आ जाती है। इस चालाकी से मैं अपने आपको वार्ताकार नहीं, एक जेबकतरा मानता हूँ जो अपनी ही जेब काटकर लोगों के हवाले कर देता है। लेकिन मेरे होंठ पर मुसकान की एक झलक भी नहीं दिखाई पड़ती है। रोटी और कला का संबंध कुछ अजीब लगता है, पर हो क्या सकता है! मैं जानता हूँ कि क्या मेरी प्रतिष्ठा बहुत ऊँची है और उर्दू साहित्य में मेरा अच्छा खा नाम है (कई सर्जकों को अपने बारे में इतनी सारी जानकारी नहीं होती।) और यह खुशफहमी नहीं होती तो मेरे लिए जिंदगी जीना भारी पड़ गया होता। यह हकीकत है कि पाकिस्तान नाम से पहचाने जानेवाले मेरे वतन में मैं एक खास स्थान पा सका हूँ। इस कारण मेरी आत्मा अस्वस्थ रहती है। मैं कभी पागलखाने में या कभी हॉस्पिटल में होता हूँ।

हकीमों की भाषा में हम जिसे परहेज कहते हैं, यह शब्द उसके शब्दकोश में नहीं था। परहेज की मगजमारी उसने कभी नहीं रखी। अपनी जिंदगी के तीन चौथाई भाग को उसने परहेज तोड़ने के काम में ही लगाया था। शराब की लत भी वह छुड़ा नहीं पाया था। पैसों ने उसकी ओर देखने की खास दरकार नहीं की, वैसे ही मंटो ने भी पैसे की ओर आँख लगाकर नहीं देखा। पैसे की तमन्ना नहीं की। रसप्रद बात तो यह थी कि लाहौर में जिस बिल्डिंग में वह रहता था उसका नाम 'लक्ष्मी मेंशन' था। इस बिल्डिंग में वह किराए पर रहता था। जीते जी वह अपना खुद का घर बना नहीं पाया था। 18 जनवरी, 1955 को उसके आगे कोई कभी किराया माँगने न आए या उसे कभी हटा न सके ऐसी जगह, मियाँ साहब के कब्रिस्तान, लाहौर में रहने के लिए अकेला

पहुँच गया। सिर्फ साढ़े पाँच से छह फीट जितनी जगह पाने के लिए वह भारत छोड़कर पाकिस्तान चला गया था।

मंटो के पिता गुलाम हसन मंटो बहुत कठोर स्वभाव के थे और माँ अत्यंत दयालु। इन दोनों स्वभावों ने उसे बड़ा नुकसान पहुँचाया। जब उसे कड़ा होना चाहिए तब वह नरम हो जाता और नरमी दिखाने की बात आती तो वह कड़क और जिद्‌दी बन जाता। कुल मिलाकर उसे नुकसान ही होता। बचपन में वह नटखट और बुद्धिमान था। ऐसा उसने कहा है। पर उसके शिक्षकों के दुर्भाग्य से उसके बुद्धिमान होने की जानकारी शिक्षकों को उसकी पढ़ाई पूरी होने तक नहीं मिल सकी थी। मैट्रिक में वह तीन बार असफल हुआ था। और उर्दू का यह ख्यातनामा लेखक उर्दू के विषय में ही अनुत्तीर्ण हुआ था। वैसे तो संस्कृत के विद्वान माने जानेवाले मणिलाल नभुभाई द्विवेदी भी मैट्रिक की परीक्षा में अनुत्तीर्ण हुए थे। अपनी भाषा में ऐसे (अक्षरज्ञान के जानकार) साक्षर हैं जिनका गुजराती भाषा, संधि आदि में आज भी जोड़ नहीं मिलता है और इस बात से शर्म महसूस करने या मुरझाने की बजाए उस पर गर्व करते हैं। ऊपर से कहते हैं कि हम अगर शुद्ध और सच्चा लिखने लगे तो प्रूफरीडर्स बेचारे भूखों मर जाएँगे।

गोश्त शब्द से मंटो को भारी लगाव था, इसलिए उसकी कहानियों में यह शब्द बारंबार आता है। ताजा गोश्त, नंगा गोश्त, ठंडा गोश्त (इस नाम की उसकी एक चर्चित कहानी भी है)। गोश्त में से धुआँ निकल रहा था। लिपिस्टिक बासी गोश्त जैसी थी, आदि-आदि। वैसे मंटो ने खुद कबूल किया है कि उसके पास शब्द समृद्धि बिलकुल काबिल-ए-तारीफ नहीं है। वैसे तो विश्व के महान नाट्यकार के पास भी बहुत ही मर्यादित शब्दकोश था, ऐसा एक अंग्रेज विवेचक ने ढूँढ़ निकाला है। अलबता मंटो के पास साहित्य का कोई बैकग्राउंड नहीं था। पिता मुनसिफ थे जो सिर्फ सरकारी 'मेमो' जैसी गुस्से की भाषा जानते थे। मंटो ने लिखना शुरू किया है यह जानकर उसके परिवार के सदस्य, लड़का जैसे कोई असामाजिक प्रवृत्ति के चंगुल में फँसता है, ऐसे उससे नाराज हो गए थे। बाहर के लोग भी उसे सलाह देते थे कि भैया कोई छोटी-मोटी नौकरी ढूँढ़ो। बेकार रहकर यूँ कब तक कहानियाँ घिसते

रहोगे। वो समय ऐसा था कि जब कहानी-वहानी लेखन बेकारी का दूसरा नाम था। पर इस मुद्दे पर उसने किसी की नहीं सुनी थी।

पढ़ने की उम्र के समय पढ़ने के अलावा अन्य तमाम प्रवृत्तियों में वह रचा-बसा रहता था। जलियाँवाला बाग में किसी घटादार वृक्ष के नीचे बैठकर क्रांतिकारी होकर ब्रिटिश सल्तनत उखाड़ फेंकने के स्वप्न देखा करता था। स्वप्न से बाहर आता तो वह वास्तव में कब्रों के बीच घूमता रहता। किसी दिन मौका मिलने पर स्कूल जानेवाली युवा लड़कियों के सामने टगर-टगर देखा करता। उसमें भी कोई सुंदर बाला मन में बस जाए तो उसके प्रेम में पड़ने का प्लान मनोमन ही बिठाता। ऐसी मानी हुई (धर्म की) प्रियतमाओं के नाम इत्र लगे रंगीन कागज पर प्रेम-पत्र लिखता। फिर उसे बकवास समझकर वह प्रेम-पत्र फाड़ डालता। उस दौरान वह शेर-ओ-शायरी लिखने की भरसक कोशिश किया करता। जब क्रांति का भूत मन पर सवार हो जाए तब प्रेम को ताक पर रखकर बम बनाने के तरीके सीखता। बड़े गायकों को सुनकर समझने की कोशिश करता। मित्रों के साथ चरस से भरी सिगरेट फूँकता, कोकीन खाता, दारू पीता, पर मन की बेचैनी और अंदर की उलझन दूर न होती।

अपने लिखने के कमरे में भगतसिंह का पुतला रखा था। वाल्टर, रूसो, कार्ल मार्क्स, लेनिन, स्टालिन वगैरह को मंटो आँख के सामने ही रखता। विद्रोह इन सभी से पाया। रशियन साहित्य ने उस पर गहरा प्रभाव डाला था। लेखन की शुरुआत उसने अनुवाद से की थी। विक्टर ह्यूगो की उससे टक्कर हो गई। ह्यूगो की एक किताब का उसने सर-गुजस्त-ए-अस्तर नाम से अनुवाद किया। समरसेट मॉम का भी उसे बहुत आकर्षण था। चेखव ने भी उसे अच्छा प्रभावित किया था परंतु चेखव का उसने कहीं भी उल्लेख नहीं किया था। चेखव की संवेदनाओं के अत्यंत नजदीक होने के बावजूद मोपासां का उसने बहुत बार उल्लेख किया था। कुछ विवेचक चेखव को रशिया का मोपासां कहते, उसी तरह मंटो को उर्दू साहित्य का मोपासां कहते।

पहली मौलिक कहानी 'तमाशा' उसने जलियाँवाला बाग की पूरी घटना के आधार पर लिखी थी परंतु अपने नाम के प्रेम में होने के बावजूद यह

कहानी उसने अपने नाम के बगैर लिखी और इसीलिए पुलिस के लफड़े से बच गया।

इसके बाद उसने जो कुछ भी लिखा, अन्य सर्जकों के मुकाबले ज्यादा निर्भीक लिखा। मुफलिस, गुंडा, लफंगा, खूनी, व्यभिचारी, दलाल, अय्याशखोर किसी पात्र की उसके पास कमी नहीं थी। ऐसे इनसान के हृदय में किसी कोने में मानवता का एक अंश भी दिखता तो वह तुरंत उसके ऊपर कलम चला लेता। उसके पात्र कुछ उसके ही जैसे कठोर एवं गँवार थे परंतु बनावटी नहीं थे।

साधारण कहानी या पात्रों में उसे कोई रुचि नहीं थी। वह कहता था कि हमारे पड़ोस में रहती कोई स्त्री अपने पति की मार खाती हो और फिर उसी के जूते से (अपने आँसू) पोंछती हो, उसके लिए मेरे हृदय में अंश मात्र अनुकंपा नहीं होती पर कोई स्त्री अपने पति के साथ लड़-झगड़कर आत्महत्या की धमकी देकर सिनेमा देखने चली जाए और उसके हसबेंड को मैं दो घंटे तक अशांत अवस्था में देखूँ तो मुझे उस ओर अलग प्रकार की सहानुभूति होती है। एक युवा को किसी लड़की के साथ प्रेम हो जाए तो मेरे लिए इसका जुकाम से ज्यादा कोई महत्त्व नहीं है। पर यदि उस लड़के के पीछे हजारों लड़कियाँ पागल बनते देखूँ तो मेरा ध्यान उसकी ओर जरूर जाएगा। सारा दिन श्रम करके रात को आराम से सो जानेवाली स्त्री मेरे मन में हीरोइन नहीं बन सकती परंतु कोठे पर बैठी रंडी मेरे लिए हीरोइन बन सकती है जो रात-भर जागती है और दिन में जहाँ सोने जाए, जहाँ बुढ़ापा जैसे दरवाजा खटखटा रहा हो, ऐसे डरावने सपने देखकर जाग जाती हो और जिसकी आँखों में नींद वर्षों तक जम गई हो, ऐसी स्त्री मेरी 'विषयवस्तु' बन सकती है। उसकी बीमारी, उसका चिड़चिड़ापन, उसकी गाली, यह सब मुझे अच्छा लगता है। मैं उनके बारे में लिखता हूँ। मुझे घरेलू स्त्रियाँ नहीं जमतीं। पतिव्रता प्रमाणित स्त्रियों पर बहुत लिखा गया है। कोई स्त्री पति के आलिंगन में से छूटकर किसी अन्य पुरुष के आश्लेष में जा बैठी हो और जैसे कुछ हुआ ही न हो, ऐसे सहज भाव से उसका पति रूम में दाखिल हो सबकुछ देखता हो तो ऐसी स्त्री के हृदय को खोलनेवाली कहानी क्यों नहीं लिख सकते? जीवन को जैसा वो है उसी रूप में प्रस्तुत करना चाहिए।

मंटो ने उर्दू साहित्य से क्या पाया और साहित्य ने मंटो से क्या प्राप्त किया, इसका हिसाब लगाएँ तो मंटो ने साहित्य से जो कुछ भी लिया उससे कई गुना ज्यादा साहित्य को दिया है। साहित्य ने उसे भूख दी, मुफलिसी दी। साहित्य ने उसका शोषण किया। दिल्ली के एक प्रकाशक ने सिर्फ 350 रुपए में मंटो के पास से उसका कहानी-संग्रह प्रकाशन के तमाम हक सहित ले लिया था और उससे हजारों रुपए कमाए थे। मंटो की लाचारी और भोलेपन के मीठे फल प्रकाशक की आनेवाली पीढ़ी आज भी खा रही है।

4

मंटो के तीन सौतेले भाई विदेश में पढ़-लिखकर स्थायी हो गए थे परंतु मंटो को पढ़ाई रास नहीं आई। मैट्रिक में दो-तीन बार कोशिश करने के बाद कॉलेज गया तो उसे कालरा हो गया, इसलिए उसको अलीगढ़ यूनिवर्सिटी से निकाल दिया गया था। इस अपमान को जीवन की अंतिम साँस तक वह भूल नहीं पाया था। विद्यार्थी परीक्षा में चोरी करता पकड़ा जाए, बहुत असह्य उधम करे या फीस भरने में नागा करे तो उसका नाम कॉलेज में से हटा दिया जाए, यह बात कोई मायने में आती है, परंतु यहाँ तो कोई गंभीर गुनाह किए बगैर मात्र उसकी शारीरिक बीमारी के कारण उसे कॉलेज से निकाल दिया गया।

बचपन में ही उसके पिता गुजर गए थे। माँ सरदार बेगम के पास जो थोड़ी-बहुत बचत थी वह उसने अपने दामाद (मंटो के जीजा) को सँभालने के लिए दी थी। दामाद ने इस रकम को नॉन-रिफंडेबल दहेज मानकर अपने पास रख लिया। इसलिए माँ-बेटा दूसरों के आसरे ही रहे। बड़े भाई हर महीने चालीस रुपए घर के खर्च के लिए भेजते थे। इन चालीस रुपयों में दोनों आधे-अधूरे भूखे रहकर जीने का अभ्यास करते।

मंटो ने सोचा कि माँ-बेटा साथ में रहकर दोनों भूखे रहें, इससे तो अच्छा है कि वह खुद अलग होकर भूख से अकेला लड़ता रहे। माँ इस उम्र में अपनी भूख को ठंडा कर सकती है। इसी दौरान 'मुसव्विर' सामयिक के

मालिक नजीर ने पत्र लिखकर मंटो को मुंबई बुला लिया। वह मुंबई पहुँच गया। यहाँ उसने पहली बार सौ रुपए का नोट देखा, पर दूर से। सौ रुपए का नोट उसके लिए ख्वाब बन गया। चालीस रुपए तनख्वाह पर उसने 'मुसव्विर' सामयिक का संपादन सँभाल लिया। देखने के लिए उसके पास पूरा आकाश था, परंतु रहने के लिए उसके पास मुंबई में कोई जगह नहीं थी। उसने इस मैगजीन के ऑफिस में ही सोना, बैठना शुरू कर दिया था। मालिक ने किराए के रूप में उसकी तनख्वाह से दो रुपए काट लिए। हिसाब यानी हिसाब। पर इसी मालिक ने उसे इंपीरियल फिल्म कंपनी में संवाद लेखक की हैसियत से चालीस रुपए मेहनताने पर रखवा दिया। इसके बदले में 'मुसव्विर' के संपादक की तनख्वाह आधी कर दी। चालीस बटे दो बराबर। बीस और उसमें से दो रुपए किराए का अर्थात् रुपए अट्ठारह उसको 'मुसव्विर' के संपादन कार्य के मिलते थे।

यह इंपीरियल कंपनी मरियल-सी जिंदा थी। कर्मचारियों को नियमित तनख्वाह मिलने की आदत कंपनीवालों ने पिछले काफी समय से छुड़ा दी थी। हाँ, कर्मचारी जिंदा हो, तो ही वह कंपनी में काम करने आ सकता है, इसकी सेठ को खबर होने पर थोड़े-बहुत पैसे एडवांस के रूप में मिल जाते। तनख्वाह कंपनी में जमा रहती।

मंटो ने पहली बार फिल्म की कहानी लिखी, परंतु उसका पितृत्व दूसरे के नाम पर चढ़ाना पड़ा। कारण इतना ही था कि स्टूडियो में एक बाबू की सामान्य हैसियतवाला आदमी फिल्म कथा लिखे, यह बात सेठ के लिए आघातजनक थी और इसीलिए उसे मानना अवश्य था। इस कथा पर बनी फिल्म बुरी तरह पीट गई पर संयोग से लेखक की हैसियत से मंटो का नाम नहीं होने के कारण वह अपयश से बच गया। मंटो की कहानी की सहायता मिलने से फिल्म कंपनी की हालत पहले से कहीं ज्यादा बिगड़ती गई।

अपना पुराना सौ रुपए के नोट का सपना पूरा करने के लिए उसने दूसरी नौकरी कर ली। पुराने सेठ को इस बात का पता चला तो उसको वापस अपने यहाँ ले आए। हम अकेले भूखे क्यों मरें? तू भी हमारे साथ भूखा मर। मंटो के साथ कहानी लिखने की शर्त मंजूर हुई। पुरानी तनख्वाह

चालीस को बढ़ाकर अस्सी कर दी। ऊपर से फिल्म की कहानी लिखने का मेहनताना अलग से दिया जाएगा--पर कब? इसका खुलासा नहीं किया। वह फिल्म-कहानी-लेखक बन गया। बाबूगिरी से प्रमोशन मिल गया, इसीलिए उसने 'मुसव्विर' की नौकरी नहीं छोड़ी, परंतु उस ऑफिस में रहना छोड़ दिया। एक गंदी चाल में, नौ रुपए किराएवाली खोली में उसने रहना शुरू कर दिया। इस खोली में पानी का सुख नहीं था। नल में से पानी टपकता ही नहीं था, परंतु विकल्प में कीड़े-मकोड़ों की बारिश होती थी। बहन को मुंबई में ब्याह दिया, पर उस दहेजवाले जीजा से मंटो की बिलकुल नहीं पटती थी, इसलिए बहन के यहाँ आना-जाना बंद था।

पहली बार उसको मिलने आई उसकी माँ इतनी गंदी जगह पर उसको रहता देख रो पड़ी, मेरे लाल के ये हाल!.....पर मंटो वर्तमान में रहनेवाला जीव था। आज के साथ ही उसका लेना-देना था। आनेवाले पल की उसे फिक्र नहीं रहती थी। गुजरा कल और आनेवाला कल उसके लिए बराबर था।

माँ ने एक दिन उससे चिंता करते हुए पूछाः "सआदत हसन तुम ज्यादा क्यों नहीं कमाते?" मंटो ने प्रत्युत्तर दियाः "बीबीजान, (माँ को वह बीबीजान कहता) ज्यादा कमाकर क्या करूँगा? मैं जो कुछ भी कमाता हूँ मेरे लिए काफी है।" यह सुनकर माँ ने मन-ही-मन कहाः "नहीं, बात यह है कि ज्यादा कमाने की तुम्हारी हैसियत नहीं है। तू ज्यादा पढ़ा-लिखा होता तो ज्यादा फर्क पड़ता....." माँ का कहना यूँ तो सच था, पर पढ़ने में पहले से उसका मन नहीं था। परीक्षा में पास से ज्यादा वह नापास हुआ था। कॉलेज में आते-आते वह बिलकुल बिगड़ैल हो गया था। माँ की बात को हँसकर टालते हुए मंटो बोलाः "बीबीजान मैं कुछ भी कमाता हूँ, मेरे जैसे फक्कड़ जीव के लिए काफी है। घर में औरत होती तो आपको दिखाती कि मैं कैसा कमाता हूँ। कमाना कोई बड़ी बात नहीं है। ज्यादा पढ़े-लिखे बगैर भी इनसान ज्यादा पैसा कमा सकता है।" माँ ने रोड़ा अटकाकर यकायक एक सवाल उसकी ओर फेंका, "शादी करनी है?" "हाँ-हाँ, क्यों नहीं-क्यों नहीं!" मंटो ने भी बिलकुल वैसे ही जवाब दिया। वैसे माँ के इस अचानक हमले से वह मन में थोड़ा-सा घबरा गया था। माँ ने कह

दिया–"तो अगले इतवार मेरे साथ माहिम आ जाना, वहीं फुटपाथ पर खड़े रहना, तुमको देखते ही मैं नीचे आ जाऊँगी······।" माँ ने लाल के सिर पर प्यार से हाथ फेरते हुए कहा, "अल्लाह की इच्छा हुई तो शादी पक्की हो जाएगी पर अपनी ये लटें कटवाकर आना।"

पर बाल तो उसने नहीं कटवाए। मन-ही-मन उसने यही सोचा होगा कि उसको फक्कड़ किस्म का देखकर लड़कीवाले मना कर देंगे तो अच्छा है। माँ की दी हुई सूचना के अनुसार वह माहिम के फुटपाथ पर दिए हुए समय पर हाजिर हो गया। फ्लैट की तीसरी मंजिल के छज्जे पर माँ उसकी बाट जोह रही थी। अपने भावी ससुर के समक्ष प्रथम मुलाकात में ही मंटो ने अपनी आर्थिक बेहाली की बेलेंस शीट प्रस्तुत कर दी। ऊपर से पूरक माहेती भी दे दी कि जिस फिल्म कंपनी के साथ वह जुड़ा है, उसमें तनख्वाह देने का रिवाज नहीं है। नसीब अच्छा हो तो बीच-बीच में कभी एडवांस रकम मिलती रहती है। बिना पूछे उसने यह भी स्पष्ट कर दिया कि ऐसी नाजुक आर्थिक स्थिति में भी हर रोज शाम को बीयर की एक बाटल चढ़ाना वह चूकता नहीं। अप्रत्यक्ष रूप से उसने अपने भावी ससुर को जता दिया कि आप अपनी लाड़ली को जूहु के दरिया में फेंकने के विकल्प से ही मेरे साथ शादी कराना सोच सकते हैं। कोई भी समझदार ऐसे मुफलिस को अपनी बेटी का हाथ देने से पहले सात बार सोचेगा। परंतु सफिया के परमपूज्य पिताजी की आँख में यह निखालिस, प्रामाणिक युवा बस गया था और इसीलिए उन्होंने मंटो को धैर्य से सँभाल लिया था। इतनी सारी साफ-साफ बात कहने के बावजूद सफिया के पिता का शांत-सपाट चेहरा देखकर वह डर गया था कि इतनी सारी चेतावनी देने के बाद भी अगर इस आदमी ने उसे दामाद पसंद कर लिया तो शादी करनी ही पड़ेगी और फिर ढेर सारा पैसा कमाना पड़ेगा।

शादी के लिए सामनेवाला पक्ष राजी हो गया, यह जानकर मंटो नर्वस हो गया, बेचैन हो गया। अब सच्चे अर्थ में उसके लिए कष्ट के दिन शुरू हो गए। शादी के खर्च के लिए पैसा कहाँ से लाए? आर्देशर सेठ थे तो बड़े उदार परंतु कंपनी को उनकी उदारता जँची नहीं। कंपनी की आर्थिक हालत बहुत खराब हो चुकी थी। फिर भी सेठ ने मंटो से कहा, "मैं तुम्हें पैसा नहीं

दे पाऊँगा, पर शादी के लिए जरूरी सामान मैं तुम्हें दिलवा दूँगा।"

एक नौकर को सेठ ने आदेश दे दिया कि मंटो को जो चाहिए, वह दिला दो। सेठ के खाते में लिखवाकर उसने दो साड़ियाँ खरीदीं, थोड़े गहने खरीदे, पर कंपनी से उसको डेढ़ हजार रुपए लेने थे, वह नहीं मिल पाए, सिर्फ पाँच सौ ही मिला।

बिना पैसे तो काम नहीं बननेवाला था। नजीर ने फिर से उसको चालीस रुपए तनख्वाह पर अपने यहाँ रख लिया, इसलिए मंटो को शांति मिली कि चलो भोजन की ऐसी-तैसी पर रोज बीयर पीने का क्रम तो नहीं टूटेगा।

एक मित्र को शादी का निमंत्रण देकर वापस लौट रहा था। तब वह फिसल गया और बेहोश हो गया। टूटी टाँग से जैसे-तैसे शादी की रस्म पूरी की, पर पत्नी अभी ससुराल नहीं पहुँची थी। नौ रुपए किराए की खोली में अभी उसका प्रवेश नहीं हुआ था। शादी के तुरंत बाद सूरज मूवीटोन में उसे सौ रुपए की नौकरी मिली परंतु दो महीने में ही मूवीटोन का सूरज अस्त हो गया। कंपनी दीवालिया हो गई। उसके बाद नानूभाई देसाई को उसने अपना सेठ बना लिया। उनके लिए कीचड़ याने 'अपनी नगरिया' फिल्म की कहानी लिखी। ठीक गई।

विवाह के दस महीने बीते ही थे कि एक शर्मनाक घटना घटी। एक मित्र के साथ मंटो बियर पीने गया। बियर पीने के बाद दोनों मित्र के कहने पर उसकी (मित्र की) प्रेयसी के घर गए जिसके घर जाकर आशिक ने अच्छा हुड़दंग मचा दिया। उसको पुलिस ने गिरफ्तार किया तो उसने जानकारी दी कि यहाँ बवाल मचाने वह अकेला नहीं गया था, उसके साथ सआदत हसन मंटो नामक एक और शख्स भी था। मंटो भी गिरफ्तार हुआ। मंटो यह कल्पना करके घबरा गया कि श्वसुर पक्ष को अब वह क्या मुँह दिखाएगा। उसकी परिणीता जिसने अभी उसका घर नहीं बसाया, वह क्या सोचेगी? इसलिए उसने अपने ससुर के पास सामने से जाकर बता दिया था कि ऐसी-ऐसी बात थी। यह भी बताया कि यह किस्सा उसके लिए कितना लज्जास्पद है, ये वह स्वीकार करता है। यह सब सुनकर आपको लग रहा हो कि ऐसे शख्स के साथ लड़की का जीवन नहीं बसाना तो मैं तलाक देने के लिए तैयार हूँ।

परंतु उसके निर्दोष होने का यकीन उससे ज्यादा उसके ससुर को था। इसलिए उन्होंने मंटो को 'स्वच्छता' का प्रमाण पत्र दे दिया।

अब सिर्फ दस दिन शेष थे। ऑफिस के पास उसने 35 रुपए किराए का एक फ्लैट ले लिया। चालीस रुपया तनख्वाह में से पैंतीस जाए तो शेष बचे पाँच। इन पाँच रुपयों में ही दो जीवों का पेट पालना था। नानूभाई सेठ से मंटो ने जब बाकी के पैसे माँगे तो उन्होंने साफ सुना दिया कि अब देने के लिए उनके पास फूटी कौड़ी नहीं है, इसलिए मंटो ने उनको अच्छी गाली सुनाई। गाली खाते समय जब नानूभाई को अपने सेठ होने का खयाल आया तो उन्होंने मंटो को 'गेट आउट' कर दिया।

'फिल्म इंडिया' (और उसके बाद 'मदर इंडिया') के संपादक बाबूराव पटेल मंटो के मित्र थे। मंटो ने उनसे फोन पर बातचीत की और कहा कि अगर नानूभाई मेरे पैसे नहीं देंगे तो मैं उनके स्टूडियो के गेट पर भूख हड़ताल करूँगा। मेरा इरादा एकदम पक्का है। बाबूराव ने फोन पर नानूभाई को झाड़ दिया और चेतावनी दी कि अगर मंटो आपके दरवाजे पर धरना देगा तो सारे अखबारवाले उसको समर्थन देंगे, इसलिए उससे समझौता कर लेने में ही उनकी भलाई है। घबराए हुए नानूभाई ने बड़प्पन दिखाते हुए मंटो को समझौते के लिए बुला लिया। दोनों ने एक-दूसरे को माफ किया। अगर आधी रकम मंटो छोड़ दे तो आधी रकम देने के लिए वे राजी-खुशी तैयार हैं, ऐसा नानूभाई ने कहा। सारा डूब रहा हो तो आधा स्वीकारने में ही बुद्धिमानी है, ऐसा समझकर वह आधी रकम लेने के लिए सहमत हो गया। नानूभाई ने उसको 900 रुपए का चेक दिया और चेक बैंक में डालने से पहले पूछने के लिए कहा। चेक भरने का दिन नजदीक आया। मंटो ने नानूभाई ने पूछा चेक भर रहा हूँ, भरूँ न! "नहीं भाई, चेक भरना नहीं......" नानूभाई नरम होकर बोले, "खाते में इतना पैसा नहीं है।" कुल लेना 1800 रुपया निकलता था। उसका आधा लेने में सौदा पटाया और उसमें भी बाधा आई। नानूभाई ने निपटारा करने के मूड से पूछा, "बोल पाँच सौ रुपया दे दूँ......?" "ठीक है पाँच सौ तो पाँच सौ, आज ही दे दो तो जान छूटे।" ऐसा कहकर मंटो ने रुपया पाँच सौ नगद ले लिया। ब्याह के सिर्फ चार दिन रह गए थे। इसलिए इसको माने बगैर छुटकारा नहीं था।

पलंग, बर्तन, ड्रेसिंग टेबल सब किराए से लाकर घर सजाया। उसकी शादी में कारदार, नूर मोहम्मद चार्ली, मिर्जा मुशर्रफ, बाबूराव पटेल और उस समय की प्रख्यात अभिनेत्री पद्मावती शामिल हुए थे। पैसा खर्चने में उसका हाथ खुला होने के कारण शादी के दिन उसके हाथ में पाँच सौ रुपयों में से सिर्फ साढ़े चार आने बचे थे। चार आने का सिगरेट का पैकेट और दो पैसे की माचिस की डिब्बी। बाल उधारी से कटवाए, इसलिए ये पैसा इसमें नहीं गिना जाएगा। शाम तक पूरा पैकेट फूँक डाला, अब! हो जो भी हो। पर शादी की तो शान से।

5

कुछ लोग सफलता के प्यारे होते हैं। मंटो निष्फलता को बहुत पसंद था। पढ़ाई-लिखाई से लेकर अच्छी तरह जिंदगी जीने में निष्फलता उसका साया बनकर रही, यह कहने में अतिशयोक्ति नहीं है। निष्फलता ने अंतिम साँस तक उसका पीछा नहीं छोड़ा, एक वफादार मित्र बनकर रही। वैसे मंटो अपनी निष्फलताओं को हँसते हुए टाल देता। हताश होकर हार मानने की बजाए मुसकराते हुए निष्फलता को जीतने देता। उसे न बसने देने में उसकी कड़वी जबान ने भी यथाशक्ति मदद की थी।

'मुसव्विर' छोड़कर उसने 'फिल्म इंडिया' के संपादक बाबूराव पटेल के साथ मिलकर 'कारवाँ' नाम का उर्दू सामयिक शुरू किया। एक बात का उसे सुख था कि बेकारी लंबे समय तक टिकती नहीं। उसे काम ढूँढ़ने भी भटकना नहीं पड़ता, काम उसे ढूँढ़ता हुआ सामने से उसे बुलाता था। 'मुसव्विर' के मालिक के साथ उसकी जमी नहीं, इसलिए वह छोड़ दिया। ऐसे में बाबूराव पटेल ने उसे बुलाया। काम की बात समाप्त होने पर दाम की बात शुरू हुई। पूछाः "बोल क्या लेगा? 150 रुपया चलेगा?" "ना" मंटो ने गरदन हिलाकर जवाब दिया।

"देख मंटो इससे ज्यादा देने का मेरा सामर्थ्य नहीं है, 'कारवाँ' को

इससे ज्यादा पुसाता नहीं," बाबूराव बोले। "तुम गलत समझे। मैं 60 रुपए में ही काम करूँगा, इससे ज्यादा भी नहीं, कम भी नहीं," मंटो ने बताया। बाबूराव को लगा कि मंटो मजाक कर रहा है पर मंटो ने उसको अपनी थ्योरी समझाई, तब वे बड़बड़ाए कि साला पागल है। यह सुनकर मंटो ने स्पष्ट किया कि तुम मुझे समझदार समझो या पागल, पर 60 रुपए मैंने इसलिए स्वीकार किए हैं कि समय का बंधन मुझे चलेगा नहीं। मेरी इच्छा हो तब आऊँ, इच्छा हो तब चलता बनूँ। हाँ, आपका 'कारवाँ' नियमित बाहर जाएगा, यह मैं देखूँगा। मंटो ने कुछ समय उनके साथ काम किया। पर 'कारवाँ' शब्द अस्थिरता का पर्याय है और मंटो इससे भी ज्यादा अस्थिर होने के कारण 'कारवाँ' को पीछे रखकर आगे चलने लगा। यहाँ से वाया इंपीरियल कंपनी, सरोज मूवीटोन के साथ जुड़ा। लेखक कृष्णचंदर के साथ मिलकर 'मड' (कीचड़) यानी 'अपनी नगरिया' फिल्म की पटकथा लिखी। यह फिल्म जब थियेटर में आई तब वहाँ दर्शकों से ज्यादा पुलिस की संख्या थी। इस कीचड़ में नानूभाई देसाई फँस गए। दिवाला निकल गया। मंटो अकेला सड़क पर चलना नहीं चाहता था। नानूभाई को भी वह वाया कीचड़ रोड पर ले आया।

फिर तो उसने एक फेहरिस्त ही बना ली। किस-किसको बरबाद करना है। ताजमहल पिक्चर्स के लिए उसने 'उजाला' फिल्म लिखी पर 'उजाला' भी निष्फलता के अँधेरे में कभी न दीखने के लिए गर्क हो गई। फिल्म असफल हुई तो निर्माता ने हताश होकर उस जमाने की क्लियोपेट्रा मानी जानेवाली अभिनेत्री नसीमबानू के साथ भागकर और निराश होने के लिए उससे शादी कर ली। शादी करके ताजमहल के नजदीक दिल्ली चला गया। मंटो अपनी कलम के साथ मुंबई में ही रह गया। मुंबई और मंटो एक-दूसरे को रास आने लगे थे। मंटो खुद ही मुंबई की पहचान बन गया था। मुंबई के साथ वह दिल से जुड़ गया था। मुंबई के लिए उसने लिखा है।

"मैं चलता-फिरता मुंबई हूँ। मुंबई छोड़ने का मुझे भारी दुख है। वहाँ मेरे मित्र भी थे। उनसे दोस्ती होने का मुझे गर्व है। वहाँ मेरी शादी भी हुई, मेरी पहली संतान भी हुई। दूसरे ने भी अपने जीवन के पहले दिन की वहीं से शुरुआत की। मैंने वहाँ हजारों-लाखों रुपए कमाए और फूँक दिए। मुंबई

को मैं चाहता था और आज भी चाहता हूँ।"

मंटो का मुंबई में शाहिद लतीफ और इस्मत चुगताई के साथ परिचय हुआ। एक फिल्म-कथा 'पैगाम' फिल्म के लिए लिखी। निर्माता ने उसको पूछे बगैर, उसकी रजामंदी के बगैर उसकी कहानी में तोड़-फोड़ कर डाली। वैसे भी मंटो को कहानी सुधारने की बजाए अपना सुधार करने में ज्यादा रस था। इसलिए इस बात से मंटो को बहुत बुरा लगा। जब-जब उसको बुरा लगता तो कुल मिलाकर नुकसान उसके हिस्से ही आता। अभिनेता अशोक कुमार के साथ उसने 'आठ दिन' और 'आगोश'—दो फिल्मों की कहानियाँ लिखीं। 'आठ दिन' में तो उसने पागल की भूमिका की थी। ये भूमिका पहले एस. मुखर्जी करनेवाले थे। उनको किसी ने कहा था कि आप भले ही थोड़े वैसे दिखते हों, पर पूरे जीवंत अभिनय के लिए पूर्णतः ऐसा दिखना जरूरी है, इसलिए फिर उन्होंने फिल्म में पागल बनने की जिद छोड़ दी। अशोक कुमार के साथ मंटो की गहरी मित्रता थी। अशोक कुमार को लगा था कि इस भूमिका को मंटो ही सही अंजाम दे पाएगा। फिर मंटो ने उसमें पागल का रोल किया जो फुटबाल फेंककर कहा करता था कि उसने बम फेंका है। आगे चलकर ये भूमिका उसके जीवन में भी लागू हो रही थी। ये तो एक रिहर्सल ही था फिर तो वह परदे पर ही नहीं, सचमुच ही पागल हो गया था और उसे पागलखाने में भेजना पड़ा था।

उसकी लिखी 'आगोश' कमजोर प्रदर्शन के कारण पिट गई। इस्मत चुगताई की कहानी 'जिद्दी' की पटकथा उसने अशोक कुमार के लिए लिखी पर अशोक को वह जँची नहीं, इसलिए उन्होंने इनकार कर दिया। मंटो को फिर बुरा लगा। मीनार्के सिंह सोहराब मोदी ने कहानी लिखने के लिए उसको काफी मसाला दिया। राजेंद्र सिंह के संवादों के साथ उसने 'मिर्जा गालिब' लिखी। ये फिल्म समीक्षक की नजर में आई और प्रेक्षकों की दृष्टि से उतनी सफल नहीं रही। फिल्म में जो कुछ भी सफलता मिली, उसका सारा श्रेय सोहराब मोदी और सुरैया को मिल गया। मिर्जा गालिब को भी कुछ नहीं मिला और न मिला मंटो को। गालिब को इससे कोई फर्क नहीं पड़नेवाला था, पर मंटो अभागा बिना भाग (हिस्से) के ही रह गया।

इस दौरान मुंबई में कौमी दंगे होने लगे। हिंदुस्तान भारत-पाकिस्तान— दो भागों में बँट गया। सआदत हसन मंटो के भी दो हिस्से हो गए। सआदत हसन पाकिस्तान चला गया और मंटो भारत में रह गया। अपनी गैरहाजिरी में उसकी लिखी कहानी पर 'घमंड' फिल्म बनी जो खराब अभिनय के कारण थियेटर में ज्यादा दिन टिक नहीं पाई। 'घमंड' की वैसे भी यह नियति होती है। पाकिस्तानी फिल्म-जगत में उसको कोई मौका नहीं मिला। ये सत्य है कि उसकी असफलता की कहानी उसके वहाँ पहुँचने से पहले ही बिना टिकट वहाँ पहुँच गई थी। 'चाचा सैम' नाम के एक काल्पनिक पात्र को मंटो ने दिनांक 16-12-51 के दिन 31 लक्ष्मी मेंशन लाहौर से एक पत्र लिखा था। इस पत्र में उसने अपनी असफलता और दर्द की बात प्रकट करते हुए लिखा था कि ''मेरा देश हिंदुस्तान से विभाजित होकर अलग कैसे बना, कैसे आजाद हुआ, इसकी तो मुझे अच्छी तरह खबर है। मेरा देश कटकर स्वतंत्र हुआ और चाचा जान आप जैसे बुजुर्ग से ये बातें छिपी नहीं हो सकतीं कि जिसके पंख काटकर मुक्त कर दिया जाता है, उस 'पक्षी' की आजादी कैसी होती है। मेरा नाम सआदत हसन मंटो है और मैं उस स्थान पर पैदा हुआ था जो हिंदुस्तान में है, जहाँ मेरे माता-पिता को दफन किया गया था। मेरा एक बच्चा भी उसी जमीन में लंबी नींद सोया है पर अब वह मेरा वतन नहीं रहा, मेरा वतन अब पाकिस्तान है।

पहले मैं हिंदुस्तान का बड़ा कहानीकार था, अब पाकिस्तान का एक बड़ा लेखक हूँ। मेरी कहानी के कई संग्रह प्रकाशित हो चुके हैं। लोग मेरी तरफ आदर से देखते हैं। अखंड हिंदुस्तान में अश्लीलता के खिलाफ मेरे ऊपर तीन केस चल रहे थे, यहाँ पाकिस्तान में एक। पर ये केस हुए अभी एक साल भी नहीं बीता।

अंग्रेजी सल्तनत मुझे अश्लील लेखक मानती थी और मेरी सल्तनत का भी मेरे लिए यही मत है। अंग्रेजी राज्य में अपील करने से मुझे छोड़ दिया गया था परंतु मेरी अपनी सरकार मुझे छोड़ दे, ऐसा मुझे नहीं लगता। कोर्ट ने मुझे तीन साल तक कारावास और तीन सौ रुपये जुर्माना किया था। सेशंस कोर्ट में अपील करके मैं छूट गया था। मेरी सरकार मानती है कि इस फैसले से मुझे न्याय नहीं मिला है, इसलिए सरकार ने मेरे विरुद्ध हाईकोर्ट

में अपील की है। देखते हैं ऊपर की अदालत क्या फैसला सुनाती है। 22 पुस्तकें लिखने के बाद भी मेरे पास रहने के लिए घर नहीं है और ये जानकर ताज्जुब होगा कि मेरे पास पेकार्ड या डॉजा कार नहीं है। टूटी-फूटी एकाध पुरानी कार भी नहीं है। मुझे अगर कहीं जाना हो तो साइकिल किराए पर लेकर जाता हूँ। अखबार में मेरी कोई कहानी छपती है तो एक कॉलम के सात रुपए के हिसाब से मुझे एक कहानी पर 20-25 रुपए मिल जाते हैं। मैं ताँगे में घूमता हूँ और यहाँ की सबसे घटिया दारू पीता हूँ। अगर आपके देश में ऐसी दारू बनाकर बेचें तो आप उस बनानेवाली फैक्ट्री को बम से ही उड़ा दें, क्योंकि हट्टे-कट्टे नौजवान को भी वो एक साल में ही खत्म कर सकती है।

ऐसे ही एक उदास पल में उसने एक पत्र में लिखा है–"मेरा मन आज बहुत उदास है, मेरा सारा गुस्सा आज मेरी उदासी में बदल गया है। मैं बहुत गमगीन और चिंतातुर हूँ। मेरी उदासी ठंडी होती जा रही है, मेरा जीवन अत्यंत कष्टपूर्ण है। रात-दिन जी-जोड़ मेहनत करके भी अपनी जरूरतों को पूरा कर पाता हूँ। ये तकलीफ, ये पीड़ा मुझे दीमक की तरह खोखला कर रही है। जब मैं मर जाऊँगा तो मेरी पत्नी और मेरे मासूम बालकों की देखभाल कौन करेगा ? मैं एक अश्लील लेखक, डरपोक, तरंगी, डर कर चलनेवाला और प्रतिक्रियावादी हूँ पर इसके साथ-ही-साथ मैं एक स्त्री का पति और तीन बालकों का पिता हूँ। इनमें से एकाध बीमार भी हो जाए तो अच्छी चिकित्सा कराने के लिए मुझे जगह-जगह भीख माँगनी पड़े, ये सोचकर भी मुझे तकलीफ होती है। मेरे मित्र तो मुझसे भी ज्यादा कंगाल हैं, बे-हाल हैं। अगर मैं उनकी मदद न करूँ तो मुझे बहुत दुख होता है। किसी का सिर लाचारी से झुका देख लूँ तो मुझे बहुत खेद होता है। मैं सोचता हूँ कि मेरी मृत्यु के बाद मेरी लिखी हुई रचनाओं के लिए रेडियो एवं लाइब्रेरियों के दरवाजे खुल जाएँगे और मेरी कहानियों का भी ऐसा ही स्वागत होगा तो मेरी आत्मा आश्वस्त हो जाएगी। इस बेचैनी को ध्यान में रखते हुए आज तक मेरे साथ जो व्यवहार हुआ है, उससे मैं संतुष्ट हूँ, खुदा मुझे दीमक से बचाए।" (भाई मंटो, मेरे यार तुझे पता है, तेरी श्रेष्ठ कहानियाँ यहाँ गुजरात में सौराष्ट्र युनिवर्सिटी में पाठ्य पुस्तक में ले ली गई हैं।) मंटो के कुछ पत्र वेदना से भरी चीख जैसे

हैं। सार्वजनिक तौर पर वह सिर्फ तीन बार, जब पैदा हुआ था तब रोया था, उसको मिलाकर चार बार रोया होगा। पर उसके पत्रों में शब्दों के बीच की खाली जगह को अगर हम बारीकी से देखें तो खाली नहीं लगती है। मंटो की आँखों में आँसू बिना दिखे नहीं रह सकते। उसने लिखा है—"मैं बहुत-कुछ लिखना चाहता हूँ पर कमजोरी से मुझ पर लदी हुई थकान मुझे कुछ करने नहीं देती। मुझे थोड़ी शांति मिले तो बरसाती कीड़े की तरह उड़ते-बिखरते विचारों को इकट्ठा कर सकूँ। पर-पर करते हुए ही मैं एक दिन खत्म हो जाऊँगा। आप भी यह कहकर चुप हो जाएँगे कि मंटो मर गया, सच है पर दुख इस बात का है कि मंटो के साथ उसके विचार भी मर जाएँगे। यानी मुझे कोई वचन दे दे कि मेरे दिमाग से तमाम विचारों को निकालकर एक बाटल में भर लेगा तो मंटो मरने के लिए तैयार है। मंटो मंटो के लिए जिंदा नहीं है पर इससे किसी को क्या! मंटो किस खेत की मूली है, जाने दो ''' चलो कोई और बात करो।"

6

मुश्किलात और दर्द के बीच जिंदा रहनेवाले मंटो में हास्यवृत्ति उसके जीवन का सहारा थी। इस सहारे ने उसे जीवन-संग्राम खेलने की शक्ति दी। उसके मसखरे स्वभाव से उसके मजाक का भोग बननेवाले को अगर कभी चोट भी लग जाए तो इसकी वह ज्यादा फिक्र नहीं करता था। अपने समकालीन उर्दू लेखक उपेंद्रनाथ 'अश्क' के साथ मजाक-मसखरी करने का कोई मौका वह जाने नहीं देता था। मित्रों को वह कहता—"अश्क की बात आप जाने दो, बिलकुल मक्खीचूस है मक्खीचूस। कमबख्त ने एक बिल्ली पाली है। शाम-सबेरे बिल्ली को वह आस-पड़ोस में खुला छोड़ देता। वह बिल्ली जब दूध पीकर बाहर से आए तब वह उसे जमीन पर लिटाकर सारा दूध पेट में से निकाल ले और फिर उस दूध की चाय बनाकर पीए। मैं बिलकुल अतिशयोक्ति के बगैर सच कह रहा हूँ। ये बात किसी से सुनी नहीं है। मैंने अपनी आँख से

देखा है, मैं खुद इस दूध की चाय पी चुका हूँ।"

एक बार वह नशे की हालत में बार-कम-होटल में बैठा था। इस स्थिति में मानसिक संतुलन न रहने से उसने कुछ गिलास और प्लेटें तोड़ डालीं। वेटर बिल लेकर आया। बिल देखकर वह थोड़ा होश में आया और वेटर से पूछा—"इस बिल में टूटे गिलास और प्लेट की कीमत लिखी है।" वेटर ने कहा—"साहब यहाँ का रिवाज है।" वेटर को डाँटते हुए वह गरजा, "रिवाज के बच्चे बुला अपने मैनेजर को·····।" मैनेजर हाजिर हुआ। मंटो ने उससे गंभीरता से प्रश्न किया—"आपके बार में जो गिलास-प्लेट टूटती है उसकी कीमत आप ग्राहकों से वसूल करते हैं?" मैनेजर ने नम्रता से कहा—"जी यहाँ ये प्रथा है।" "ठीक है," बोलकर उसने बिल अदा कर दिया और बार से बाहर निकल गया।

एक हफ्ते बाद उसी बार में फिर से गया। उसके दोस्त उस पल की राह देख रहे थे कि मंटो कब बहके। पर बहकने की बजाय उसने एकाएक चीख दिया—"सांप···सांप"। उसकी चीख से बार में भय का वातावरण फैल गया, भाग-दौड़ मच गई, घबराहट के मारे लोग टेबल-कुर्सी इत्यादि को धक्का मार के बार के बाहर दौड़ने लगे। अंततः साँप मार डाला गया। वातावरण शांत हुआ। इसके बाद मंटो ने बिल मँगवाया और बिल को सामने देखकर मैनेजर को बुलाया। मैनेजर के सामने अपनी चमकती आँखों से देखते हुए सवाल किया—"आज आपने बिल में टूटी गिलास-प्लेट की कीमत नहीं लगाई।" मैनेजर ने फिर नम्रता से कहा—"ये साँप के कारण टूटीं साहब! इसमें ग्राहकों का क्या कसूर है ?"

"पर मैनेजर साहब," मंटो ने नम्रता से कहा, "ये तो आपके उसूल के विरुद्ध है।" उसने हँसते हुए अपनी पॉकेट से कुछ नोट निकालकर मैनेजर के हाथ में रखते हुए कहा, "वैसे मुझे कोई फर्क नहीं पड़ता।" मैनेजर उसकी तरफ आश्चर्य से देखने लगा। फिर दोस्तों के साथ बार से बाहर निकलते समय मैनेजर की टेबल पर हाथ रखते हुए मंटो ने कहा—"पहले टेबल और गिलास टूटे, तब आपने बिल के अलावा 3-4 रुपए ज्यादा चार्ज वसूल किया था और आज टेबलें टूटीं तब ? वो 3 रुपए आपको देने की बजाय मुझे एक मदारी को देने पड़े।"

"मदारी को !" आश्चर्यचकित होते हुए मैनेजर ने पूछा। "हाँ, जिस साँप को आपने मारा उसको मैंने 3 रुपए देकर खरीदा था," और हँसते-हँसते यह कहते हुए मंटो बार छोड़कर चला गया।

कहानी खत्म हुई तो उसको जेब में रखकर मंटो घर से निकला और आदतन खाली ताँगे की पिछली सीट पर जाकर बैठ गया। ताँगेवाले ने पूछा—"कहाँ जाना है ?" मंटो ने कहा—"अनारकली।" ताँगा चलने लगा। आगे बढ़ते ताँगे को अचानक रोक दिया और रास्ते चलते एक प्रकाशक को उसने पकड़ा, पर पाँच रुपए से ज्यादा उससे कुछ नहीं मिला। ताँगा आगे बढ़ा और एक सामयिक के ऑफिस के सामने रुका। गाड़ी से उतरकर कोचमैन के हाथ में उसने पाँच का नोट रखा। कोचमैन ने कहा—"बोहनी नहीं हुई साहब।" "देख मैं सामनेवाले ऑफिस में जा रहा हूँ, खुल्ले कराकर बाकी के पैसे मुझे वहाँ दे जाना," बोलते हुए वह ऑफिस में चला गया। "आइए...आइए...मंटो साहब," एक दुबले-पतले युवक ने उनका स्वागत करते हुए कहा। मंटो ने जेब में से कहानी निकालकर उसके हाथ में रखते हुए कहा, "रिसाले (सामयिक), ओ मेरी जान तुम्हारे लिए बड़ी टॉपकलास कहानी लिखी है लेकिन इसका मुआवजा (मेहनताना) मुझे फौरन चाहिए। कहाँ है वह फ्राडेआजम...तुम्हारे आकाए मोहतरम ?" "एडीटर को पूछ रहे हो, वह तो सुबह का अंतर्धान हो गया। मुझे पैसे की तुरंत आवश्यकता है पिछले महीने की तनख्वाह उस पाजी ने मुझे नहीं दी इसलिए मैं सुबह से बीड़ी फूँकता बैठा हूँ, सिगरेट पीने के लिए भी रोकड़े नहीं हैं।" एकदम कुछ याद आते ही मंटो बाहर दौड़ गया। संपादक भी उसके पीछे हो लिया। मंटो ने रास्ते पर आकर देखा कि ताँगेवाला पाँच रुपए के नोट को लेकर पलायन कर चुका था। दो-तीन आवाजे ताँगेवाले को लगाकर फिर मंटो ने संपादक से कहा, "तुम सचमुच बदनसीब हो इसलिए तेरे जैसे अभागे को सिगरेट के बदले बीड़ी ही फूँकनी चाहिए।" संपादक ने चौंकते हुए कहा, "ऐसा क्यों कह रहे हो...मंटो साहब ?" जवाब में मंटो ने बताया कि उसकी पाँच रुपए की पूँजी लेकर ताँगेवाला भाग गया। संपादक ने दलील देते हुए कहा, "तब तो साहब बदनसीब आप हो, मैं नहीं।" "तू तो यार बोगस आदमी है। मैंने सोचा था कि ताँगेवाला भाड़े की रकम काटकर जो पैसा वापस देगा उससे मैं तुमको सिगरेट पिलाऊँगा,

इतना भी नहीं समझते···तुम अभागे नहीं तो और क्या?"

मंटो की पीने की आदत को लेकर आगे पूरा प्रकरण लिखने का इरादा है, पर इस विषय में उसका एक हास्यास्पद किस्सा याद आता है। मंटो को किसी ने भावावेश में आकर कहा, "पिछली बार जब आप मिले थे तब आपने कहा था कि आपने पीना बिलकुल छोड़ दिया। तब मुझे अत्यंत आनंद हुआ था पर आपने तो पीना फिर शुरू कर दिया, ये जानकर मुझे बहुत दुख हो रहा है।" "आपने सच कहा"—मंटो ने जवाब दिया, "फर्क इतना है कि उस दिन आप आनंद में थे, आज मैं आनंद में हूँ।"

उसकी कहानी 'बू' के ऊपर जब केस हुआ तब एक लेखक ने मंटो से कहा—"लाहौर के कुछ प्रमुख भंगियों ने अदालत से शिकायत की है कि आपने एक कहानी 'बू' लिखी है जिसकी बदबू दूर-दूर तक फैल गई है।" इसके जवाब में हँसते हुए मंटो ने यकीन दिलाया कि—"कोई बात नहीं, मैं एक कहानी फिनाईल लिखकर उनकी शिकायत दूर कर दूँगा।"

मंटो में कई बार 'बालजाक' और कई बार ओ हेनरी का प्रवेश हो जाता है। बालजाक ड्राल स्टोरीज लिखता था। इसी तरह मंटो अपनी भूमि पर कहानी लिखता और उसमें ह्यूमर का समावेश करता। उदाहरण के तौर पर उसकी एक कहानी है—नारी। यहाँ उसे संक्षेप में बताएँगे।

अशोक एक भद्र पुरुष है। अपने एक मित्र के पास से वह एक ब्लू फिल्म की रील घर पर लाता है और पत्नी को दिखाने की कोशिश करता है, पत्नी नाराज हो जाती है। आँखों पर हाथ रखकर शर्म के मारे रोती हुई भाग जाती है। उसका उद्देश्य तो मात्र मनोरंजन के लिए पत्नी को फिल्म दिखाना था पर उसको लगा कि उसने अत्यंत निर्लज्ज बर्ताव किया है, जो पत्नी को ऐसी वीभत्स फिल्म दिखाने का कुप्रयास किया। प्रोजेक्टर बंद करके बाहर आकर देखा तो पत्नी रजाई में मुँह डालकर सो चुकी थी। उसको लगा कि ऐसी कुचेष्टा करने के बदले में पत्नी से माफी माँग लूँगा पर ऐसी हिम्मत भी नहीं थी। सुबह जब उठा तो अपार भय का अनुभव करता रहा, पत्नी के सामने नजर मिलाने की हिम्मत भी गँवा बैठा था। सुबह का नाश्ता किए बगैर ही ऑफिस चला गया। काम में मन लग ही नहीं रहा था। पत्नी के साथ बेहूदा बर्ताव करने के कारण मन ही मन पछता रहा था, फोन करने

का मन हुआ पर रिसीवर पर हाथ जाते ही दूसरे ने उसे रोक दिया। दोपहर को नौकर उसका टिफिन लेकर आया तब उसने उसे पूछा—"मेमसाब घर में हैं ?" नौकर ने जवाब दिया—"वे कहीं गई हैं।" "कहाँ?", "पता नहीं।" "कब की गई हैं?", "लगभग 11 बजे से", नौकर ने जानकारी दी। अशोक को चिंता हुई, भूख भी मर गई। 11 बजे की गई है। अभी तक लौटी भी नहीं। कहाँ गई होगी ? अपनी माँ के पास तो नहीं गई होगी ? वहाँ जाकर बता देगी तो ? हो सकता है अपनी बहनों के यहाँ गई हो। वे लोग ये बात जानकर मेरे बारे में क्या सोचेंगी ? दोनों ही साली उसकी कितनी इज्जत करती हैं, कितना आदर करती हैं इससे तो अच्छा मैं ऐसा कुछ नहीं करता।

अशोक ऑफिस के बाहर निकल गया। दिशाशून्य होकर गाड़ी घर की ओर मोड़ दी। घर तक पहुँचते हुए अजीब-सा महसूस करने लगा। पहली बार तो लगा कि वापस लौट जाए, वह खुद अपने हृदय की धड़कन सुन सकता था। फ्लैट का दरवाजा खुला। उसका नौकर बीड़ी पीने बाहर आया था, अशोक को देखकर उसने बीड़ी छिपा ली। नौकर से उसने पूछा—"मेमसाब कहाँ हैं ?" "अंदर के रूम में", नौकर ने जवाब दिया। "और कोई है उनके साथ?" अशोक ने पूछा। "उनकी दो बहनें हैं कोलाबावाली साहब की मेमसाब और दूसरी...हैं।" अशोक रूम की ओर आगे बढ़ा। अंदर से पत्नी ने पूछा—"कौन है ?" नौकर बोला—"साहब आए हैं।" अशोक के रूम में भगदड़ मच गई, अंदर से चीखने की आवाजें आने लगीं। दरवाजा देर से खुला पर उस दौरान अशोक कॉरीडोर से होकर पिछले दरवाजे से रूम में दाखिल हो चुका था। उसने देखा कि प्रोजेक्टर चालू था और सामने परदे पर उजाले में मानव आकृति पशुओं की तरह निःसंकोच बर्ताव कर रही थी। अशोक जोर से हँस पड़ा।

देवेंद्र सत्यार्थी ने लोक साहित्य में बहुत अच्छा काम किया है। पुस्कर चंदावरकर की हिंदी...जो कुछ लिखे उसे दूसरों को सुनाकर ही छोड़े। एक कवि जो अभी जीवित हैं, उसने हमारे परिवार के एक सदस्य की मृत्यु के बाद उठावना में उपस्थित होकर हमको मृत्यु पर अपनी दो कविताएँ सुनाई थीं। देवेंद्र सत्यार्थी राजेंद्र सिंह बेदी के मेहमान बने तो अपनी कहानी, जब भी बेदी टकराए, तब सुनाते थे। बेदी उन दिनों ऑफिस में क्लर्क थे। दो रूम के मकान में रहते थे। थके-हारे शाम को जब घर लौटें तब सत्यार्थी को कहानी सुनाने के लिए अपने घर में मौजूद ही

पाएँ। बेदी अपनी पत्नी से शांति से बात भी नहीं कर सकें कि सत्यार्थी हाजिर। एक महीने वह मेहमान रहे, फिर वह बात बेदी ने मंटो से की। मंटो ने उसकी विषयवस्तु बनाकर एक कहानी लिखी 'तरक्कीपसंद'। इस कहानी में उन्होंने लिखा कि "पति-पत्नी को एक दूसरे के साथ प्रेम करने का समय आया हुआ मेहमान नहीं देता, ऐसे मेहमान से तंग आकर देर रात तक वे बाहर भटकते रहते हैं। लेखक के सो जाने पर पति-पत्नी ने मिलने का तय किया। देर रात वापस लौटता पति धीरे से दरवाजा खटखटाता है पर दरवाजा न खुले, फिर से खटखटाए दरवाजा तब खुला, पति पूछे कि, "अंबो"। पर देखा तो पत्नी की जगह लेखक को पाया। वे बोले चलो, आगे चलो, अच्छा हुआ, अभी-अभी एक कहानी पूरी हुई, चलो सुनाते हैं। इसके बाद देवेन्द्र सत्यार्थी ने एक कहानी 'नए देवता' लिखी जिसमें मंटो की वैयक्तिक कमजोरी, अहम्, शंका और अश्लीलता का मजाक उड़ाया गया है।

7

अपने यहाँ व्यंग्यकार को हास्य लेखक की हैसियत से पहचाना जाता है। व्यंग्य को तो हम नेत्र के साथ जोड़ते हैं, जबकि हिंदी भाषा में हास्यकार और व्यंग्यकार जैसे दो स्पष्ट हिस्से किए गए हैं। इतना ही नहीं, कोई व्यंग्य-लेखक को हास्य लेखक कहे तो उसे बुरा लग जाता है। फलां ब्राह्मण कौम के लोग खुद को ब्राह्मण की ही फलां उपजाति से अपने आपको ऊँचा मानते हैं, ऐसा ही कुछ व्यंग्यकारों में भी है।

एक अर्थ में मंटो सव्यसाची था। हास्य और व्यंग्य दोनों पर उसका अच्छा अधिकार था। हमारे मत से व्यंग्य पर थोड़ा ज्यादा। पर ऐसे निवेदन करने की बजाय हम मानते हैं कि हमें उदाहरण देने चाहिए। उसने कई मार्मिक छोटी कथाएँ लिखी हैं। इनमें से कुछ यहाँ प्रस्तुत करते हैं–

लूट का माल वापस पाने के लिए पुलिस ने छापे डालने शुरू कर दिए। भय के मारे लोग लूटे हुए माल को बाहर फेंकने लगे। कुछ लोगों ने मौका पाते ही इस माल से मुक्ति पा ली ताकि वे कानून के चंगुल से बच जाएँ।

एक आदमी मुश्किल में पड़ गया। उसके पास किराने के व्यापारी से लूटी हुई शक्कर के दो बोरे थे। एक तो उसने जैसे-तैसे करके पास के कुएँ में फेंक दी। शक्कर की दूसरी बोरी फेंकने गया तो अपना संतुलन खो बैठा और बोरी के साथ खुद भी कुएँ में गिर पड़ा। छपाक आवाज सुनकर लोग इकट्ठे हो गए, कुएँ में रस्सी उतारी गई। दो युवक कुएँ में उतरकर उस आदमी को बाहर ले आए पर कुछ समय में ही वह चल बसा। दूसरे दिन जब लोगों ने उस कुएँ का पानी पीने के लिए निकाला तो पाया कि वह पानी मीठा था। इस तरह उस आदमी की कब्र पर आज भी घी के दीये जलते हैं।

कौमी दंगों पर उसकी लिखी लघुकथाओं में एक कलाकार के दर्शन होते हैं। कलाकार को किसी कौम, जात-पाँत पर पूर्वग्रह-अभिग्रह नहीं होता, यह अच्छा और यह बुरा, ऐसी कोई भावना नहीं होती। मंटो कलाकार होने की हैसियत से तटस्थ और प्रामाणिक चित्र बनाता है। सिर्फ मानवीय अभिगम से उसने कहानियाँ लिखी हैं। उसके कुछ समकालीन लेखकों ने इन नन्हीं-मुन्नी कहानियों को चुटकुलेबाजी कहकर नीचा दिखाया है। वह मानवीय भावनाओं का दस्तावेज हैं। उसकी एक कहानी···

जोड़ा

भीड़ ने निर्णय बदल लिया और सर गंगाराम के पुतले पर टूट पड़ी। लाठियाँ चलने लगीं। ईंट और पत्थर फेंके जाने लगे। एक बहादुर ने गंगाराम के पुतले पर डामर भी चुपड़ दिया। दूसरा एक जन पुराने जूतों का हार बना कर पुतले के गले में डालने के लिए आगे बढ़ा। वहीं पुलिस आ गई। धड़ाधड़ गोलियाँ चलीं, जूते का हार पहनानेवाला घायल होकर गिर पड़ा। इलाज के लिए उसे सरगंगाराम अस्पताल में दाखिल किया।

जब-जब किसी शहर में कौमी दंगे होते हैं तो अखबारवाले मंटो की कहानियाँ छाप देते हैं। खून से रँगी उसकी लाल कहानियाँ हमेशा हरी-भरी रहती हैं।

योग्य कार्यवाही

हमला हुआ तो मोहल्ले के कई लोग कटकर मर गए। जो बच गए वे प्राण बचाकर भाग गए। एक पति-पत्नी अपनी जान बचाने के लिए बाड़े (गोठान) में जा छिपे। हमलावरों के आने के इंतजार में दो रात और दो दिन बिता दिए पर कोई आया नहीं। दो दिन बीतने के बाद मौत का भय कम होने लगा। भूख और प्यास ज्यादा सताने लगी।

चार दिन बीत गए। पति-पत्नी को जीवन का खास मोह नहीं रह गया। दोनों धीरे से बाहर निकले। सामने खड़ी भीड़ को देखकर पति जोर से चिल्लाया—"हम अपने आपको आपके हवाले करते हैं। हमें मार डालो।" जिनको उन्होंने यह कहा, वे उलझन में पड़ गए। सोच में पड़ गए "हमारे धर्म में तो जीव हत्या पाप है।" वे सब जैन थे। उन लोगों ने आपस में सलाह-मशविरा करके पति-पत्नी को दूसरे मुहल्ले के लोगों को सौंप दिया।

पाकिस्तान जाने के बाद वहाँ की परिस्थिति पर मंटो ने तीखे व्यंग्य के किस्से लिखे हैं। जैसे कि कतारबंद खड़े हुए सैनिकों को संबोधित करते हुए जनरल ने कहा, "अनाज की तंगी है और कोई बात नहीं। धान का सत्यानाश हो गया है, चिंता का कोई कारण नहीं। हमारे सिपाही भूखे पेट भी लड़ेंगे।" यह सुनकर सैनिक जिंदाबाद के नारे लगाने लगे। कबीर फूट-फूट कर रोने लगा। जनरल गुस्सा हो गया। कबीर से उसने पूछा, "हे मानव ! तुम क्यों रो रहे हो ?" कबीर ने रोते हुए जवाब दिया—"मेरे बहादुरों! भूख के सामने कौन लड़ेगा ?" और दो लाख सैनिक 'कबीर मुर्दाबाद' के नारे लगाने लगे।

ऐसी ही एक और कबीर कथाः शहर का एक बड़ा व्यापारी गुजर गया। चारों ओर शोक का वातावरण फैल गया। लोग अपने हाथों पर काली पट्टी बाँधकर घूमने लगे। कबीर ने यह देखा तो उसकी आँखों से आँसू छलक पड़े। काले बिल्लेवाले एक आदमी ने उससे पूछा कि क्यों रो रहे हो, क्या दुख है ? जवाब में कबीर ने कहा कि इतनी सारी काली रिबन इकट्ठी कर दें तो सैकड़ों लोगों के नग्न शरीर को ढाँका जा सकता है। काले बिल्ले वाले ने कबीर को पीटना

शुरू कर दिया, "तू कम्युनिस्ट है, पाकिस्तान-द्रोही है, गद्दार है।" कबीर हँस पड़ा और बोला, "पर मित्रो! मेरे हाथ पर तो किसी भी रंग का बिल्ला नहीं है।...."

मंटो जब लाहौर में था तब उसने पाकिस्तान में अमेरिकन नीति पर कड़ी टिप्पणी की थी। उसने लिखा था : "अमेरिका में जो लश्करी हलचल हो रही है वह पाकिस्तान को गुलाम बनाने की योजना है।" उसने अमेरिका की नीति के ऊपर कठोर प्रहार किए। इससे वहाँ के राजकीय माहौल में खलबली मच गई। अमेरिका के हाई कमिश्नर ने पाकिस्तान में रहते उनके राजदूत द्वारा मंटो के लिए एक सूचना पत्र भेजकर कहलवाया कि अगर आप हमारे पत्र के लिए लेख लिखेंगे तो एक लेख का मेहनताना 500 रुपए देंगे। उस समय के पाँच सौ रुपए यानी ! उस समय उसे एक कहानी के सिर्फ 20 या 25 रुपए मुश्किल से मिलते थे। यहाँ पाँच सौ रुपए जितनी बड़ी रकम देने के लिए ये लोग तैयार थे। वैसे भी उसको आर्थिक संकट भुगतना पड़ता था पर उसमें आत्मगौरव की भावना इतनी उत्कट थी कि उसने स्पष्ट सुना दिया "मंटो देशद्रोही नहीं बन सकता।"

मंटो के मन में किसी के लिए कुछ भी होता, वह खुले दिल से बता देता। नवाब काश्मीर के लिए उसने लिखा है कि "मैं जब नवाब कश्मीर के विषय में सोचता हूँ तब मुझे लगता है कि मैं घासलेट हूँ, मैं कैरोसिन हूँ—नवाब काश्मीरी हूँ। पर उसके जितना क्रूर नहीं हूँ। सिर्फ संतान की खातिर उसने अपनी पत्नी को मजबूर किया था। मैं काश्मीरी हूँ। काश्मीरी को चाहता भी हूँ और उन काश्मीरियों से नफरत करता हूँ जो अपनी पत्नियों के साथ बुरा व्यवहार करते हैं। मैं मरहूम नवाब की कहानियों का प्रशंसक हूँ। उसको मैं बहुत बड़ा कहानीकार मानता हूँ, समझता हूँ। पर जब मैंने उसको पर्दे पर देखा था तब मुझे घासलेट यानि मिट्टी के तेल की बदबू आई। भगवान करे उसे नर्क मिले, जहाँ वह मौज से रह सकता है।

पाकिस्तान के जनक मोहम्मद अली जिन्ना के एक सुंदर शब्दचित्र का उसने आलेखन किया है। कायदे-आजम ने एक पारसी लड़की के साथ

शादी की थी। इससे पारसी कौम उनसे बड़ी खफा थी। इस वजह से वे बदले की भावना से पीड़ित रहते थे। पारसी लड़की के साथ शादी करने की सोची- समझी साजिश के क्या परिणाम होते हैं, इसका एहसास करने के लिए जिन्ना की पुत्री को एक पारसी लड़के के साथ भगाकर शादी करा दी। जिन्ना के लिए पत्नी की मृत्यु के बाद का यह दूसरा आघात था। उनकी लड़की उनसे पूछे बगैर भागकर शादी करने की जुर्रत करे ? और वह भी पारसी के साथ ?

इससे वह इतने अस्वस्थ हो गए कि उनके चेहरे पर आघात का असर स्पष्ट दिखाई देने लगा। पंद्रह दिन तक वे किसी से मिले नहीं। इस दौरान सैकड़ों सिगरेट फूँक डालीं, अपने ही कमरे में गुस्से के मारे मीलों चले होंगे। कभी नौकरों को कहते, बड़ी अलमारी खोलो। लड़की जब छोटी बच्ची थी तब जो कपड़े पहनती थी, वह अलमारी से निकलवाते थे और उसके सामने एकटक देखते थे। "इट इज औल्राइट, इट इस औल्राइट" ऐसा बड़बड़ा कर अपने आपसे चश्मा उतारकर आँसू पोंछ लेते थे।

"कायदे-आजम के मुँह से तुमने कभी आय एम सौरी सुना है ?"

"नहीं, कभी नहीं...."

अगर उनके मुँह से यह वाक्य अकस्मात भी निकल जाता तो पूरे वाक्य को शब्दकोश से बाहर किया जाता।

जब उसे लगता कि कलम फीकी पड़ रही है तब वह मन ही मन बोलता, "जब मेरे हाथ में पिस्तौल होगी और दिल में यह डर नहीं रहेगा कि वह खुद-ब-खुद चल पड़ेगी तो मैं उसे लहराता हुआ बाहर निकल जाऊँगा और अपने असली दुश्मन को पहचानकर या तो सारी गोलियाँ उसके सिर में खाली कर दूँगा या खुद छलनी हो जाऊँगा। इस मौत पर जब मेरा कोई नक्काद (चरित्रकार-टीकाकार) यह कहेगा कि पागल था तो मेरी रूह इन लफ्जों ही को सबसे बड़ा तमगा (इल्काब) समझकर उठा लेगी और अपने सीने पर आवेजां (लटका देना) कर लेगी।"

तो कभी वह ऐसा प्रलाप करता–" डरपोक हूँ, जेल से डरता हूँ, लेकिन जो अभी जिंदगी जी रहा हूँ वह जेल से कम कष्टदायक नहीं, पर इस जेल

में दूसरी जेल पैदा हो जाए और इसमें मुझे बंद करके रख दे तो मेरा दम तुरंत निकल जाए। जिंदगी को मैं चाहता हूँ। चलते-फिरते मैं अपनी छाती पर गोलियाँ झेल सकता हूँ पर जेल के खटमलों के कारण मरना नहीं चाहता। यहाँ कोई बात करते समय आप सबकी मार खा लूँगा, सहन कर लूँगा, चूँ-चाँ नहीं करूँगा पर हिंदू-मुस्लिम के कौमी दंगों में कोई मेरा सिर फोड़ेगा तो मेरे खून का कण-कण रोता रहेगा। मैं कलाकार हूँ, आर्टिस्ट हूँ। युद्ध के विषय में लिखता हूँ और हृदय में पिस्तौल देखने की, उसे हाथ लगाने की मंशा को दबाकर अँधेरी कोठरी में मर जाऊँ, उससे अच्छा है कि लिखना-विखना छोड़ कर डेरी फार्म खोल दूँ और पानी मिलाकर दूध बेचना शुरू कर दूँ। यह सबसे अच्छा है। तोप के गोले और टॉरपीडो तो दूर की बात है, मैंने तो आज तक एयरगन भी नहीं चलाई। बचपन की एक बात याद आती है। हमारे पड़ोस में पुलिस कांस्टेबल रहता था, उसके पास एक पिस्तौल थी। पिस्तौल निकालकर वह पलंग पर रखकर सब बच्चों को चेतावनी देता था कि इस रूम में पिस्तौल रखी है। डरते-डरते हम कभी उस रूम में जाते और दूर से उस खतरनाक हथियार को देखकर हमारे हृदय की धड़कन तेज हो जाती। ऐसा लगता कि पिस्तौल पड़े-पड़े ही फूट जाएगी। अब आप ही बताइए मैं या मेरा दोस्त टैंक के बारे में क्या लिख पाएगा...!" अपनी विशेषता की मर्यादाओं के बारे में मंटो अधिक जागरूक था वह खुद ही अपना विवेचक था।

8

मंटो पागलखाने में था। उसका इलाज चल रहा था। इस दौरान मंटो पागलपन और सयानेपन के बीच की 'नो मेन्सलैंड' की अवस्था में था। उसे पता नहीं चलता था कि उसे पागल बनाने की दवा चल रही है या ठीक करने की। वहीं उसे पता चला कि उसके सबसे अच्छे दोस्त हिंदी फिल्मों के अभिनेता श्याम का देहांत हो गया है। अफवाह ऐसी फैली कि श्याम के आकस्मिक निधन को मंटो झेल नहीं सका और वह पागल हो गया।

इस समय अगर मंटो ठीक होता तो भी श्याम की अचानक मृत्यु का समाचार सुनकर वह जरूर पागल हो जाता क्योंकि मित्रों को वह हृदय से चाहता था फिर वह श्याम हो, अशोक कुमार हो या अहमद नदीम कासमी हो या कृष्णचंदर। इन सबके साथ वह पेट भरकर लड़ता और दिल भरकर उन्हें चाहता। इस मामले में वह बड़ा भाग्यशाली था। मित्रों के सामने खुले दिल से बात कर रहा हो, ऐसे खत वह लिखा करता था। नदीम कासमी को लिखे उसके पत्र अगर हम पढ़ें तो पता चलता है कि मित्रों के आगे वह कितनी खुली किताब बन जाता है। उदाहरण के तौर पर—

10 मई 1937

मुंबई में मैं 50 रुपए महीना कमा लेता हूँ और बहुत उड़ाता हूँ। आप यहाँ आएँगे तो हम दोनों का गुजारा चल जाएगा, ऐसा मुझे लगता है। मैं अपनी फिलूजखर्ची बंद कर दूँगा। आपकी लाचारी का मुझे पूरा खयाल है, वह इसलिए कि मैं भी इससे गुजर चुका हूँ। आठ दिन पहले मेरे पास पाँच सौ रुपये थे, उस समय मैं तुमको यहाँ आने का किराया भी दे सकता था। पर आज स्थिति यह है कि मेरे पास सिर्फ 20 रुपए हैं। मुझे पुस्तकें खरीदने और वैसे भी पैसा बरबाद करने का शौक है, उससे मैं आनंद अनुभव करता हूँ। जिंदा रहेंगे तो पैसे आ जाएँगे।

आप यहाँ आ सकते हैं परंतु इतना याद रखना कि आपको मेरी जिंदगी की धूप-छाँव में रहना पड़ेगा। मेरे पास एक छोटा-सा कमरा है जिसमें हम दोनों रह सकते हैं। खाना भले मिले या न मिले, पढ़ने के लिए पुस्तकें जरूर मिलेंगी।

मई 1938

यह बहुत अच्छी बात है कि हम दोनों के बीच बड़ा फासला है। और हम दोनों ने एक-दूसरे को देखा नहीं है। मुझे यकीन है कि हम दोनों नजदीक होंगे तब, आज हम जो अनुभव करते है उसकी अनुभूति दूर हो जाएगी। इनसान अत्यंत हीन है। माफ करना, और दिल एक ऐसी चीज है जिस पर मैल लगते देर नहीं लगती। मुझमें एक लाख दोष हैं जो आपकी आँखों से

दूर हैं। आप मेरे नजदीक आएँगे तो मैं नग्न हो जाऊँगा—इसलिए क्या यह अच्छा नहीं कि हम एक-दूसरे से दूर ही रहें ?

सितंबर 1938
मेरी शादी ? मेरी शादी अभी तक गृहस्थी तक पहुँची नहीं है। मेरी सिर्फ शादी हुई है। मेरी पत्नी लाहौर के एक काश्मीरी खानदान की है। उसके पिता गुजर चुके हैं। मेरे पिता भी नहीं हैं। वह भी ऐनक पहनती है और मैं भी चश्मा पहनता हूँ। वह 11 मई को पैदा हुई और मैं भी 11 मई को पैदा हुआ था। उसकी माँ भी चश्मा पहनती है और मेरी माँ भी चश्मा पहनती है। उसके नाम का पहला अक्षर एस है, मेरे नाम का पहला अक्षर भी एस है। हम लोगों की इतनी सारी चीजें एक सी हैं। पहले वह बुर्का नहीं पहनती थी। जब से मेरा उस पर अधिकार तै हुआ है तब से उसने पर्दा करना शुरू किया है—सिर्फ मुझसे।

बीच-बीच में जब वह उदास हो जाता तो मित्र के सामने पर्दा खोल कर लिखता।

जून 1940
जीवन के उस दौर से मैं गुजर रहा हूँ जिसके सामने देखने की मुझे फुरसत नहीं है। बहुत-से स्टेशन आते हैं जहाँ मेरे जीवन की गाड़ी रुकती है, अटकती है। पर मैं थकान से टूट चुका हूँ। सफर की शुरुआत से ही इतना तंग आ चुका हूँ कि बोर्ड भी नहीं पढ़ता कि कौन-सा स्टेशन आया है। कुछ समझ में नहीं आता। आएगा भी कैसे! समझने की फुरसत भी नहीं है····

मुझे पूछो तो यह कहानी-वहानी सब बकवास है। इसके बदले में केवल आभार मिलता है। मेरा डॉक्टर मुझे रोज दवाई भेजता है और वह आभार के साथ पैसा भी माँगता है। कल उसने एक रुपए का सिक्का वापस भेजा था क्योंकि उसकी खनकार कुछ कम थी। सोचा था कि कल कहानी शुरू करूँगा पर कम खनकार का सिक्का हाथ में आते ही मेरा सारा उत्साह गायब हो गया।

अगस्त 1940
मैं इस निष्कर्ष पर पहुँचा हूँ कि सिर्फ ठगाई से ही इनसान सफल होता है। मैं फरेबी बन जाऊँगा ? इसका जवाब मैं अभी नहीं दे सकता। परंतु यह हो सकता है कि परिस्थिति इनसान को ऐसा बनने को लाचार कर सकती है।

नदीम साहब, मैं जो लिखना चाहता हूँ वह लिख नहीं पाता। परेशानी इतनी ज्यादा है कि विचार बिखर जाते हैं। इसके अलावा भी जो मैं कहना चाहता हूँ वह सुनने में किसको दिलचस्पी है ? कौन तैयार है ?

मई 1943
बहुत ज्यादा दारू पीने लगा हूँ। मैं कुछ लिख सकूँ, इसलिए नहीं। पीकर तो मैं लिख ही नहीं सकता। सचमुच मैं उस काम को ढूँढ़ रहा हूँ जो मुझे करना है। अभी जो मैं कर रहा हूँ, वही काम मुझे करना है तो कोई बात नहीं। यानी मैं कोई बहुत बड़ा तीर नहीं मार रहा हूँ।

शरद बाबू ने भी स्वीकार किया है कि वे भी मंटो की तरह काम करते हैं। उन्होंने बताया कि लेखक को प्रेरणा पाने के लिए मद्यपान नहीं करना चाहिए। मैं दारू नहीं पीता होता तो इससे कहीं अच्छा लिख रहा होता।

अपनी मृत्यु के पहले दिन 17 जनवरी, 1955 के रोज उसने अपने ऊपर लगे अश्लीलता के केस को चलानेवाले न्यायाधीश मेंहदी सिद्दीकी को एक मित्र की सिफारिश करते हुए एक पत्र लिखा था, "मैं आपसे किसी-न-किसी की सिफारिश करता रहा हूँ। इसलिए क्योंकि आपकी सज्जनता और आपके प्रेम ने मुझे बहुत प्रभावित किया है। जहाँ तक मैं समझता हूँ आप मेरी इस सिफारिश को कभी नकारेंगे नहीं। रफीक चौधरी मेरे स्वजन हैं। उनके ऊपर कृपा करेंगे तो मैं समझूँगा कि आपने मुझ पर उपकार किया है।"

मंटो की दरियादिली का अनुभव उसके मित्र कृष्ण चंदर ने भी किया था। एक बार वह कृष्ण चंदर को एक फिल्म डिस्ट्रीब्यूटर के पास ले गए। उसके साथ बात की। डिस्ट्रीब्यूटर ने पाँच सौ रुपए दिए। उसमें से ढाई सौ रुपए कृष्ण चंदर को दिए। दोनों ने बढ़िया सूट सिलवाया। सिलाई उधार रखी। टेलर अब्दुल गनी की सिलाई बाकी रही। फिर दोनों मुफलिस हो गए।

एक दिन ये दोनों मित्र बाजार में से गुजर रहे थे। टेलर अब्दुल गनी ने उनके शर्ट का कॉलर पकड़ा। पूछा, "हतक तुम ने लिखी है।" "मंटो ने जवाब दिया, "लिखी है तो क्या हुआ? तुम मेरे सूट की सिलाई बाकी रखो उसका अर्थ यह तो नहीं कि मेरी कहानी के तुम विवेचक बन जाओ, कॉलर छोड़ दो।" अब्दुल गनी ने हँसते हुए कहा "जा, तेरी उधारी माफ करता हूँ।" सूट की सिलाई माफ करके वह चला गया पर मंटो इस प्रशंसा से प्रसन्न नहीं हुआ। गुस्से से बोला, "साला क्या समझता है ? मैं उसकी पाई-पाई चुका दूँगा। साला समझता है कि हतक मेरी अच्छी कहानी है। हतक ? यह तो मेरी सबसे बोगस कहानी है।" अलबत्ता, अपनी कमजोर आर्थिक स्थिति के कारण मंटो सिलाई की वह उधारी कभी चुकता नहीं कर पाया, यह अलग बात है।

फिल्म अभिनेता अशोक कुमार उसके परम मित्र थे। मुंबई में कौमी दंगे बहुत बड़े पैमाने पर होते थे। अशोक कुमार और मंटो बोम्बे टॉकीज से वापस लौट रहे थे। अशोक कुमार के घर देर रात तक गप्पें लगाता वहाँ बैठा रहा। मंटो को घर छोड़ने के लिए अशोक कुमार ने गाड़ी बाहर निकाली। अशोक कुमार ने कार एक मुस्लिम मोहल्ले की ओर मोड़ी। सामने से एक बारात आ रही थी। बैंड की आवाज सुनकर मंटो के छक्के छूट गए। अशोक कुमार का हाथ पकड़कर वह बोला, "दादा मुनि, तू यहाँ कहाँ ले आया ?" अशोक कुमार उसके कहने का भावार्थ समझ गए, हँस कर बोले, "चिंता मत कर।" मोटर एक ऐसे इलाके से गुजर रही थी जहाँ से किसी भी हिंदू के लिए बाहर निकलना खतरे से खाली नहीं था। और अशोक कुमार को कौन नहीं पहचानता ? वह हिंदू है, यह कौन नहीं जानता। एक इतना बड़ा हिंदू कि जिसकी हत्या महत्त्वपूर्ण मानी जाए। आगे मंटो की भाषा में पढ़िए, "मुझे अरबी भाषा की कोई प्रार्थना याद नहीं आ रही है। मैं खुदा को कहने लगा कि हे खुदा ! उसको सुरक्षित रखना। ऐसा न हो कि कोई मुस्लिम अशोक कुमार को मार डाले और उसकी हत्या का भार जिंदगी-भर सिर पर ढोते हुए मैं जीऊँ। यह गरदन किसी कौम की नहीं है, मेरी अपनी है पर ऐसी नीच हरकत के सामने झुकना नहीं चाहिए।

"मोटर बारात के नजदीक पहुँची और भीड़ में से लोगों ने चिल्लाना

शुरू किया—'अशोक कुमार'''अशोक कुमार' मैं बिलकुल ठंडा हो गया। अशोक स्टीयरिंग पर हाथ रखकर चुपचाप बैठा रहा। मैं बाहर आकर भीड़ को कहने वाला था कि जरा सब्र से काम ले। मैं मुसलमान हूँ यह मुझे घर छोड़ने आया है। तभी दो जवान आगे बढ़े और कहने लगे, 'अशोक भाई, आगे रास्ता नहीं मिलेगा। यह बाजूवाली गली से निकल जाइए।' अशोक भाई ? अशोक उनका भाई था ? तो मैं कौन था ? पता नहीं ये लोग मुझे क्या समझे होंगे। संभव है कि अशोक की मौजूदगी में उन्होंने मुझे देखा ही न हो। मोटर उस मुस्लिम इलाके से बाहर निकल गई तब मेरी जान में जान आई। मैंने खुदा का एहसान माना तो अशोक हँस पड़ा, 'तू जबरन डर गया था। कलाकार को लोग कुछ नहीं करते।'

"कुछ दिन बाद बांबे टॉकीज में नजीर अजमेरी की कहानी पर बनी फिल्म 'मजबूर' दिखाई जा रही थी। मैंने कड़ी टिप्पणी की और उसमें थोड़ा-सा फेरबदल करने का सुझाव दिया, इसलिए लेखक ने डायरेक्टर से कहा कि ऐसी चर्चाओं के समय मंटो को हाजिर मत रखना क्योंकि वह खुद कहानीकार है, इसलिए पूर्वग्रही है। मैंने बहुत सोचा। मैंने अपने आपसे कहा, 'मंटो भाई, आगे रास्ता नहीं मिलेगा। बाजू की गली से चले जाइए।' और मैं बाजू की गली से चुपचाप पाकिस्तान चला आया जहाँ मेरी कहानी 'ठंडा गोश्त' पर केस चल रहा था।

9

कोई बाप ऐसा मानता हो कि उसकी संतान निर्दोष है, फिर भी उस बालक को कानून द्वारा सताया जा रहा हो तो उसको जैसा महसूस हो, ठीक उसी तरह मंटो को भी बड़ा आघात लगा था। उसकी पाँच मानस-संतानों के खिलाफ अश्लीलता के केस दर्ज हुए थे, तीन भारत में और दो पाकिस्तान में। काली सलवार, धुआँ, बू, ठंडा गोश्त, और ऊपर नीचे और दरमियान, इन पाँच कहानियों को अश्लील माना गया था।

मंटो के कुछ हितशत्रु ऐसी अफवाह फैलाते थे कि अश्लील कहानियाँ लिखकर उन पर केस करवाने का "उसका धंधा हो गया है"। सस्ती प्रसिद्धि

पाने के लिए और लोगों में अपना नाम चर्चित करने के लिए यह खेल वह खेल रहा है। इस कारण कुछ पत्र-पत्रिका वाले उसके पीछे पड़ गए थे। अश्लीलता को मुद्दा बनाकर वे सरकार को उकसाने की कोशिश कर रहे थे कि कहानीकार ने इस कहानी में जिस भाषा का इस्तेमाल किया है उसको शालीन भाषा नहीं माना जा सकता। इसी शासन ने भूतकाल में 'लज्जतुन्निशा' और 'कोकशास्त्र' जैसी टेक्निकल पुस्तकों को भी वीभत्स मानकर उनके खिलाफ सख्त कार्यवाही की थी। इसी श्रेणी की मंटो की कहानी के लिए सरकार की ओर से कोई कदम नहीं उठाए गए थे। आधुनिक साहित्य के नाम पर यह सब चलानेवाले कुछ लोग कायदे के चंगुल में फँसे बगैर बिंदास होकर गंदगी फैलाते रहते हैं।...तो दूसरे एक सामयिक ने सरकार को ऐसी पेशकश भी की थी कि सआदत हसन मंटो की गंदी कहानियाँ मैगजीनों में छपवाकर हजारों रुपए कमानेवाले मालिकों, प्रेसवालों एवं इस लेखक को तीन साल जेल में बंद कर देना चाहिए। हमें विश्वास है कि कोई भी अदालत इन कहानियों को कानून की पकड़ से छुड़ा नहीं पाएगी। ये कहानियाँ युवा लड़कों, लड़कियों में कुसंस्कार फैलाती हैं और वातावरण दूषित करती हैं। वैसे भी इस सामयिक वाले को मंटो की ओर सहानुभूति है ऐसा महसूस हो रहा है, इसीलिए तीन-तीन वर्षों के लिए मंटो के लिए सरकार की मुफ्त रोटी की व्यवस्था का प्रस्ताव सरकार के सामने रख दिया।

जिन सामयिकों में मंटो की कहानी प्रकाशित होती उसके खिलाफ कुछ-न-कुछ अवश्य निकलता। 'अदब-ए-लतीफ' में मंटो की कहानी छपी तो उसके सामने लिखा गया कि 'अदब-ए-लतीफ' नाम का एक सामयिक लाहौर से निकलता है। वैसे तो यह शिष्ट सामयिक है, परंतु वह जो कुछ भी छाप रहा है उससे उसके साहित्य को वीभत्स मान लेना उचित नहीं है। इसमें सआदत हसन मंटो लिखित कहानी छपी है, इसका हम विरोध करते हैं। हमें इस बात का दुख है कि सरकार छोटी-छोटी बातों में उलझ जाती है, पर इस प्रकार की गंदी, नग्न कहानियों पर उसकी नजर नहीं पड़ती। इस प्रेस के खिलाफ कब कोई कदम उठाए जाएँगे ?

'खैयाम' सामयिक में मंटो की कहानी 'बू' छपी तो उसके खिलाफ आवाज उठाई गई। आवाज इती ऊँची उठाई गई कि पंजाब सरकार के कानों

तक पहुँच गई। (सरकार के भी कान होते हैं !) पता चला है कि जिन पर्चों में यह कहानी छपी थी उनको जब्त कर लिया गया। इसके लिए पंजाब सरकार को अभिनंदन भेजते हैं। और आशा करते हैं कि ऐसी कहानियों पर रोक लगाने के लिए सरकार प्रभावी कदम उठाएगी।

इन सभी सामयिकों के सामूहिक प्रयास के कारण सरकार भी नींद से उठ गई। 'अदबे लतीफ' के संपादक मंटो के मित्र अहमद नदीम कासमी को पत्र लिखकर मंटो ने बधाई दी। 'खैयाम' एवं दीगर लोगों की मेहरबानी से 'अदबे लतीफ' के वार्षिक अंक डिफेंस ऑफ इंडिया रूल्स की धारा 292 और 388 के अंतर्गत 29 मार्च की शाम को पुलिस ने जब्त कर लिए। अभी तक मालिक तथा संपादक को गिरफ्तार नहीं किया गया था। परंतु अफवाह ऐसी उड़ी थी कि वह जल्द-से-जल्द पकड़े जाएँगे। यह सब मंटो की कहानी के कारण ही था।

मंटो के खिलाफ कुछ लोग थे तो उसके पीछे उसके मातबर मित्र भी थे। इस घटना के संदर्भ में सरदार जाफरी ने 4 फरवरी, 1945 के दिन 'कौमी जंग' (मुंबई) में लिखा था कि मंटो उर्दू के बड़े कहानीकार हैं। उनकी कहानी के खिलाफ पंजाब सरकार ने अश्लीलता का केस कर दिया। परंतु अदालत की कार्यवाही शुरू होने से पहले तक इन दोनों पर बहुत बुरे दिन आ चुके थे। इस्मत चुगताई को पुलिस ने बिना वारंट पकड़ लिया और एक हजार रुपए की जमानत पर छोड़ दिया। मंटो की भी यही हालत हुई।

उसकी कहानी 'बू' पर जब केस हुआ तब राजेंद्र सिंह बेदी, कन्हैयालाल कपूर, खान बहादुर, अब्दुल रहमान चुगताई जैसे उर्दू भाषा के विद्वान लेखकों ने मंटो के पक्ष में गवाही दी और बताया कि इस कहानी में कामुकता जगाने वाली कोई अश्लील चीज नहीं है। यह कहानी तो प्रगतिशील है और आधुनिक उर्दू साहित्य में इसका समावेश होता है। पाठक के मन में यह कोई बुरे विचार पैदा नहीं करती। वह केस जीत गया।

उसकी कहानी 'खोल दो' पर अश्लीलता का आरोप नहीं लगाया गया था परंतु यह कहानी छापने के बदले में 'नक्श' सामयिक पर 10 महीने का प्रतिबंध लग गया था। और 'बू' के लिए 'अदबे लतीफ' पर केस शुरू हुआ था। 'ठंडा गोश्त' छापने के लिए 'जावेद' मैगजीन को जुर्माना भरना

पड़ा था।

पर जिस कहानी ने मंटो को एक साल तक चैन से बैठने नहीं दिया था, परेशान ही कर दिया था, वह कहानी 'ठंडा गोश्त' हम यहाँ साफ-सुथरी भाषा में संक्षेप में देखेंगे।

वार्ताकार नायक इसरसिंह है और उसकी उपवस्त्र कुलवंत कौर हैं। (कुलवंत के लिए रखैल जैसा बाजारू शब्द इस्तेमाल करने के लिए कलम चलती नहीं है।) दोनों गाँव के बिलकुल अनपढ़ अक्खड़ सिख हैं, दोनों जैसे एक-दूसरे के लिए ही बने हों, वैसे ही एक दूसरे की शारीरिक एवं मानसिक तृप्ति करते रहते हैं। परंतु पिछले काफी समय से कुलवंत को ऐसा लगने लगता है कि इसरसिंह बदल गया है। शारीरिक प्रेम करने की शक्ति उसमें पहले जितनी नहीं रही। उसका बर्ताव भी बिलकुल शिथिल हो चुका है। जरूर किसी अन्य स्त्री के साथ उसने संबंध बनाया होगा, ऐसा कुलवंत सोचती है।

पर हकीकत कुछ ऐसी हुई कि सरदार इसरसिंह एक जबरदस्त मानसिक आघात का शिकार हुआ जिसकी वजह से उसकी यौन शक्ति मर चुकी थी। कई लूटपाट और खून करके वह एक युवा लड़की को उठा लाया था। उसके साथ वह शारीरिक सुख का आनंद लेना चाहता था। लड़की को कंधे पर लटकाकर जंगल में चला गया। जैसे ही वह प्रयास करने लगा, वहीं उसे पता चला कि लड़की को जब कंधे पर उठाया था उसी समय वह भय से मर गई थी, गुजर चुकी थी। उसके सामने उसकी ठंडी लाश पड़ी थी। इस घटना का इसरसिंह के दिमाग पर ऐसा भयंकर असर पड़ा कि वह नामर्द हो गया। उसने तो कई इनसानों की निर्दयता से हत्या की है। लूटपाट और खून-खराबे का तो उस पर असर ही नहीं होता पर जैसे वह उस लड़की की ठंडी लाश पर झुका उसका पौरुष चला गया। उसके हृदय में छुपी मानवता ने उसके पौरुष को बरबाद कर दिया। इनसान बनने की बहुत बड़ी सजा उसे भुगतनी पड़ी।

मंटो को इस बात का रंज था कि किसी विवेचक को उसकी कहानी 'ठंडा गोश्त' में दर्शाई गई कलात्मकता की बात करके उसकी कमी बतानी चाहिए थी तो शायद उसे ज्यादा आनंद आता, पर इन सब चीजों को कोने

में रखकर, उसको आरोपी बनाकर कटघरे में खड़ा कर दिया और उस पर पाठक की कामुकता को उत्तेजित करने जैसे हीन आरोप लगाए गए। इस कहानी के नायक इसरसिंह को पौरुष गँवाने की कायमी सजा हुई, यह सोचकर पाठक के मन में वासना किस प्रकार जग सकती है ?

उसकी इस कहानी ने लोगों में हलचल मचा दी थी। कोर्ट में चल रहा यह केस साहित्य जगत में रोमांच घटना थी। उसके विरोध में एवं पक्ष में जोरदार दलीलें कोर्ट में दी जातीं। लाहौर के मनोविज्ञान विभाग के वरिष्ठ प्राध्यापक डॉ. लतीफ ने इस कहानी के विरोध में कहा था कि "मैंने 'ठंडा गोश्त' अभी पढ़ी है। यह गलत जगह छपी है। मेरे कहने का तात्पर्य यह है कि यह कहानी किसी लोकप्रिय मैगजीन में न छपकर किसी सायंटीफिक मैगजीन में केस हिस्ट्री के लिए पुरुषत्व और नामर्दी के पक्ष में या विरोध में छपी होती तो उस पर अश्लीलता का आरोप नहीं लगता। जिन शब्दों का प्रयोग यहाँ हुआ है उन्हें बोलने में वे जितने वीभत्स-गंदे लगते हैं, उन शब्दों का महत्त्व केस हिस्ट्री में बहुत होता है।" इस डॉ. लतीफ की गवाही सुनकर वकील ने मंटो के कान में कहा कि यह गवाह तो होस्टाइल हो गया है। मंटो ने बेफिक्री से जवाब दिया "मरने दो।"

मंटो के पक्ष में गवाहों की गवाही चल रही थी तब छोकरे जैसे चार वकील काले कोट पहनकर कोर्ट में आकर मंटो के पास पहुँच गए और कहने लगे, "हम आपका केस लड़ सकते हैं?"

"ठीक है आप ही लड़िए…" मंटो ने अनुमति दे दी। अनुमति देते ही चार में से एक वकील आगे बढ़ा। मजिस्ट्रेट ने उनसे पूछा, "आप यहाँ क्यों आए हैं ?"

"हुजूर," वकील ने कहा, "मैं इनका वकील हूँ।" मजिस्ट्रेट ने मंटो की ओर देखा। मंटो ने गर्दन हिलाकर हाँ कहा। केस शुरू हुआ। अन्य तीन वकीलों ने भी बीच-बीच में अपनी दलील जारी रखी। इन वकीलों की दलीलों में गर्मी और आकर्षक बचपना था। मजिस्ट्रेट गुस्सा हो गए। उन्होंने तीनों में प्रश्न किया—"आप लोग बीच-बीच में क्यों बोल रहे हैं?"

"योर ऑनर, हम भी मंटो साहब के वकील हैं…," फिर उन्होंने मंटो से ही पूछा, "क्यों साहब, ठीक है न ?" मंटो ने फिर से गर्दन हिलाकर हाँ

कहा। चारों वकील मंटो के पक्ष में अच्छी दलीलें दे रहे थे। कोर्ट से बाहर निकलते हुए उन चारों वकीलों का धन्यवाद करते हुए मंटो ने उनसे पूछा, "आप लोगों ने तो ठंडा गोश्त कहानी का कितना अभ्यास किया है!" इसके जवाब में नवयुवक वकीलों ने बातया कि मंटो साहब, खुदा कसम, हमने अभी तक यह कहानी पढ़ी नहीं है...।

वैसे तो मंटो ने खुद 'ठंडा गोश्त' कहानी के लिए कोर्ट में दिए अपने निवेदन में उस कहानी के किरदार, कथावस्तु इत्यादि की तटस्थ होकर विवेचना की थी। इसको सुनकर न्यायाधीश ने मंटो से कहा था कि आपका यह निवेदन आपको सजा दिलवाने के लिए काफी है। और उसे तीन मास की सजा और 300 रुपए जुर्माना पड़ा—ठंडे गोश्त की कहानी का इतना बड़ा पुरस्कार!

पर मंटो अपनी एक भी कहानी को अश्लील या मात्र वाणी-वलास नहीं मानता था। जब उसके दिमाग पर आत्मरति सवार हो जाती तब वह मंटो से बात करते हुए कहता कि "मंटो जैसा कहानीकार तब कलम उठाता है जब उसके दिल को आघात पहुँचता है। बहुत समय बीत चुका है इसलिए मुझे याद नहीं, पर 'धुआँ' लिखने से पहले कोई दृश्य, कोई संकेत या कोई घटना देखकर मुझे अवश्य आघात लगा होगा। इस घटना से लेखक ने जबरदस्ती कलम उठा ली होगी। मेरी कहानियाँ पढ़कर किसी बीमार मन पर ही गंदा असर पड़ता है, पर जिन लोगों के मन तंदुरुस्त होते हैं उनके लिए ही कवि कविता करता है, कहानीकार कहानी लिखता है और चित्रकार चित्र बनाता है। मेरी कहानी नार्मल इनसानों के लिए है जो स्त्री की छाती को स्त्री की छाती ही समझते हैं, उससे ज्यादा कुछ नहीं। स्त्री-पुरुष के संबंध को आश्चर्य से नहीं देखते।"

वह आगे लिखता है कि "मेरी कलम कभी-कभी लक्ष्मण रेखा पार कर जाती है। मैं अश्लील लेखक नहीं, कहानी लेखक हूँ। पर मेरी दोनों कहानियों को अश्लील बताकर न्यायमूर्ति श्री राय साहब लाला संतराम ने 200 रुपए का जुर्माना ठोंक दिया था।

10

अश्लील कहानियों पर केस चल रहा था, उस दौरान एक रईस आदमी मंटो के घर गया। मंटो ने नौकर से कहा कि जाकर पूछ ले कि कौन है ? नौकर ने जवाब दिया–"सी. आई. डी. के आदमी हैं।" मंटो ने मान लिया कि वह लाहौर से गिरफ्तारी का वारंट लेकर आया होगा। इसलिए सी. आई. डी. के अधिकारी से मंटो ने सवाल किया, "फरमाइए अब हमारी कौन-सी कहानी ने कहर ढाया है ?" उसने बताया कि "मैं यहाँ जाँच करने आया हूँ। आपका नाम कम्युनिस्ट पार्टी के रजिस्टर में लिखा है, बोलो, उसके साथ आपका क्या संबंध है?"

"रजिस्टर के साथ या कम्युनिस्ट पार्टी के साथ ?" मंटो ने मजाक करते हुए पूछा और कहा, "कम्युनिस्ट पार्टी के साथ संबंध हैं तो सही पर अवैध हैं…" "ऐसा क्यों है ?" अधिकारी ने पूछा।

"इसलिए क्योंकि आपकी सरकार ऐसा मानती है। अगर ऐसा नहीं होता तो आप यहाँ जाँच करने आए होते ?" मंटो ने पूछा। बात वहीं खत्म हो गई।

पुलिस हर जगह एक-सी होती है। इस विभाग में भर्ती होनेवाले को शुरू-शुरू में परपीड़न का एक शौक होता है, हॉबी। फिर धीरे-धीरे यह शौक धंधे में बदल जाता है। एक बार रात को दो पुलिस इंस्पेक्टर और चार पुलिस कांस्टेबिल वारंट लेकर उसके घर पहुँच गए और वातावरण गर्म कर दिया। मंटो उस समय घर पर नहीं था। मंटो की पत्नी ने कहा, "वे बाहर गए हैं आप कहें तो बुलवा लूँ।" "आप झूठ बोल रही हैं। वो घर में ही हैं हमें घर की तलाशी लेनी होगी, आप मना करेंगी तो हम जबरदस्ती घर में घुसकर तलाश करेंगे।" पुलिस अधिकारी ने कहा। पुलिस की तलाशी के सामने मंटो की पत्नी को कोई एतराज नहीं था, पर घर में तलाशी के दौरान अनाज की खाली कोठी वे लोग देख लें, यह शायद श्रीमती मंटो नहीं चाहती होंगी। इसलिए उन्होंने मंटो को बुला लिया। मंटो ने सोचा कि मैं अफीम नहीं बेचता, दारू की हेराफेरी का धंधा नहीं करता, मेरे पास कोकीन नहीं है तो फिर यह पुलिस क्या खोजने आई होगी ? पर उसके धैर्य को कसौटी पर चढ़ाए बगैर पुलिस

ने पूछा, "आपकी लायब्रेरी कहाँ है ?"

वारंट निकला था इसलिए मोहम्मद तुफैल ने जमानत दी थी। जमानत देने के कारण वह सोचने लगे कि अगर मंटो पेशी के दिन हाजिर नहीं हुआ तो ? सुबह-सुबह पाँच बजे वे मंटो के घर पहुँच गए। ट्रेन की सेकेंड क्लास की दो टिकटें उनके पास थीं। ताँगे का भाड़ा भी उन्होंने ही चुकाया। स्टेशन तक छोड़ने भी गए। ट्रेन चली नहीं तब तक वहीं रुके रहे। गाड़ी कराची जाने के लिए रवाना हुई तब एक मित्र को मंटो के साथ बिठा दिया ताकि कराची तक वह इधर-उधर न हो जाए और बीच में कहीं दूसरे स्टेशन पर न उतर जाए। पुलिस से ज्यादा इस बात के लिए वे चिंतित थे।

मंटो यह सब देखकर और समझकर मन ही मन हँसता रहा। पर केस के दौरान उसको मानसिक रूप से बड़ी परेशानी हुई। फिर भी वह अपने आप पर संतुलन बनाए हुए था। पुलिस द्वारा प्रताड़ित करने पर भी वह स्वस्थ दिखने का निष्फल संघर्ष करता रहता। उसको देखकर शायद ही कोई समझ सकता था कि उसके अंदर क्या खलबली मची हुई है। 'ठंडा गोश्त' के केस के लिए वह किस तरह गया था उसका वर्णन उसी की जुबानी : "मैं अपने दोस्त नसीर के साथ स्टेशन गया। हमारे पास बीयर की बाटल्स थीं। ट्रेन में जगह नहीं थी। मुझे यकायक याद आया कि मेरे साथ स्कूल में याकूब नाम का एक बाल मित्र था जो आज असिस्टेंट स्टेशन मास्टर था, वही आज ड्यूटी भी कर रहा था। उसके मिलने के बाद तुरंत बैठने की जगह मिल गई। जिस डिब्बे में हमें जगह मिली, उसमें एक मौलवी माला जप रहा था। मौलवी को भगाने के लिए मैंने दोस्त से कहा यार, बियर की बाटल तो निकाल ! उसने तुरंत सीट के नीचे से बियर की बाटल निकालकर मुझे दे दी। मौलवी दूसरे स्टेशन पर उतर गए।"

एक और सज्जन अपने अर्धांगिनी के साथ बैठे हुए थे। मंटो ने सज्जन से कहा—देखिए मेहरबान हम तो रहे शराबी, बियर की बाटल हमारे पास है, पीकर हम अंटसंट बकेंगे। आप सज्जन हैं, ऊपर से साथ में पत्नी इसलिए अच्छा यही होगा कि आप दूसरे डिब्बे में चले जाएँ। वे जब बाहर निकले तो स्टेशन मास्टर को फरियाद करने लगे कि उस डिब्बे में दो बदमाश बैठे हुए हैं। इसके प्रत्युत्तर में स्टेशन मास्टर दोस्त याकूब ने कहा, अरे ! उस डिब्बे

में तो सआदत हसन मंटो बैठा है जो अत्यंत सज्जन है। मुसाफिर दलील देते हुए बोला कि खुद उसी ने कहा कि वह शराबी है, लेकिन स्टेशन मास्टर अपने मंटो के लिए दिए हुए प्रमाणपत्र को ही जुगालता रहा, इसलिए मुसाफिर अपनी पत्नी को लेकर दूसरे डिब्बे में चला गया।

वैसे तो मंटो था नास्तिक। उसकी कहानी 'ठंडा गोश्त' पर केस चल रहा था तब अंदर से यह सोचकर वह डर गया कि इस बार वह मुक्त नहीं हो पाएगा और इसी कारण उसने और उसके परिवार के सदस्यों ने मन्नत मानी थी।

यह केस जब चल रहा था तब वह मन में सोचता था कि अगर इसमें से सही सलामत बाहर आ जाऊँगा तो एकाध अच्छा काम ढूँढ़कर लेखन को तिलांजलि देकर काम में लग जाऊँगा। कलम को दूर से नमस्कार कर दूँगा। कलम को भी फाँसी पर लटकाने की उसे इच्छा हो गई थी। उसने यहाँ तक निश्चय कर लिया था कि अगर परमिट नहीं मिले या किसी भी ओर काम नहीं मिले तो काला बाजारी शुरू कर देगा या फिर गैरकानूनी शराब बेचना शुरू कर देगा।

निचली अदालत द्वारा किए गए जुर्माने के विरोध में मंटो ने बड़ी अदालत में अपील की जिसमें वह जीत गया। सरकार ने अदालत से आग्रह किया कि मंटो को सबक सिखाने के लिए सजा मिलनी चाहिए लेकिन अदालत ने मंटो को बाइज्जत बरी कर दिया।

पर पुलिस का उसकी तरफ जो बर्ताव था, उससे वह काफी निराश हो गया था। 'ठंडा गोश्त' पर केस चल रहा था तब उसने कोर्ट का वर्णन करते हुए बताया है कि ''मेरे लिए यह कोई नई जगह नहीं है। पहले भी तीन केसों के सिलसिले में मैंने इसी कोर्ट की धूल चाटी है। इसको जिला कचहरी कहते हैं पर यह बड़ी गंदी जगह है। मक्खी, मच्छर, कीड़े, मकोड़े, हथकड़ियों और बेड़ियों की कर्कश आवाज और टपटप करते टाईपराइटरों से उबकाई आती है। कोई गंदी गाली बक रहा है, अंदर के कमरे में मजिस्ट्रेट वाहियात किस्म की टेबल के पास बैठकर केस चलाते दिखाई देते हैं। मेरे पास मित्र बैठे थे, गपशप चल रही थी। यहाँ का माहौल अलग था, यहाँ की भाषा अनोखी थी। कुछ न समझ में आए, ऐसी यह जगह है। खुदा इससे दूर रखे...और अंत में मैं उन तमाम महानुभावों

का आभार मानता हूँ, जिन्होंने जहाँ सज्जनों को बैठने के लिए टूटी कुर्सी भी नहीं मिलती, ऐसी लाहौर की अदालत में घंटों अपना कीमती वक्त बर्बाद करके भैंस के आगे भागवत सुनाया।"

अपने बचाव में वह कहता है कि कहानी लेखन उसका व्यवसाय है, और उसके तमाम नियम वह जानता है। इसी विषय पर पहले भी वह कई कहानियाँ लिख चुका है, पर उसमें एक भी कहानी अश्लील नहीं है, भविष्य में भी इसी विषय पर कहानी लिखेगा जो अश्लील नहीं होगी। उसकी 1942 में लिखी कहानी 'काली सलवार' ने उसको साहित्य जगत में 'ब्लैकलिस्टेड' कर दिया था। वह जोर-शोर से कहता कि इस कहानी में अश्लील कुछ भी नहीं है। क्या उसकी यह कहानी पढ़कर लोग कोठे की ओर दौड़ने लगते हैं ? नहीं, बिलकुल नहीं—क्योंकि यह कहानी ऐसी लिखने का मेरा कोई आशय नहीं था। ऐसी कहानियाँ जाती उत्तेजना के लिए नहीं लिखी जातीं। मेरी कहानियाँ पढ़े बगैर भी सैकड़ों पुरुष वेश्या के पास जाते हैं। फिर भी वह भीड़ में भी अकेली पड़ जाती है, बिलकुल अकेली""रात के अँधेरे में चलती ट्रेन की तरह मुसाफिरों को उनके मुकाम तक पहुँचाती है और फिर छत के नीचे खाली होकर पड़ी रहती है। लोग उसे दुष्ट चरित्र वाली स्त्री कहते हैं। रात्रि के अंधकार में पुरुष उसके आगोश में शांति का अनुभव करता है और वही पुरुष दिन के उजाले में उससे तिरस्कार, नफरत करता है, गाली बकता है, उसकी तरफ अरुचि से देखता है। सिर्फ दंभ। पर यह स्त्री खुलेआम अपनी देह बेचती है, कुछ छुपाती नहीं है।

अगर हम तटस्थ होकर देखें, सोचें, तो अश्लीलता वस्तुगत नहीं है, भावनागत है। 'चोली के पीछे' गीत कितनों को अश्लील लगता है, कुछ को बिलकुल नहीं लगता। फिल्म सेंसरवालों को भी नहीं लगा होगा वरना फिल्म से वह कट गया होता। पंजाब और उत्तर प्रदेश में माँ-बेटी की गाली कुछ लोग बहुत स्वाभाविकता से बोल जाते हैं जो सुननेवालों को खलती नहीं है। (अपने सूरत जैसा !) कुछ लोग बात की शुरुआत और अंत बिना गाली के कर ही नहीं सकते, इसलिए उस अर्थ में अश्लीलता सापेक्ष है। फ्लाबेयर की 'मादाम बावेरी' पर भी अश्लीलता का आरोप लगाया गया था और जेम्स ज्वाइस की 'यूलिसिस' पर भी अश्लीलता का दावा ठोंक दिया गया था। (लेडी

चैटर्लीज लवर' ने तो अदालत में भी खलबली मचा दी थी)। जेम्स ज्वाइस अश्लीलता के केस से निर्दोष बरी हो गया था। अमेरिकन उपन्यासकार अर्सस्काइन कोल्डवेल की 'गॉड्स लिटिल एक्ट' को अश्लीलता के आरोप से मुक्त करते हुए न्यायमूर्ति ने टिप्पणी की थी कि लेखक का उद्देश्य एक सच्चा और यथार्थ चित्र निरूपित करने का है। इस कहानी में सेक्स एक महत्त्वपूर्ण मुद्दा होने के कारण उसका विस्तार से वर्णन करने की लेखक को आवश्यकता पड़ गई। उसमें आनेवाले पात्रों की भाषा गंदी है परंतु ये पात्र अनपढ़ और गंवार हैं। इनके मुँह से शुद्ध साहित्यिक वाणी निकले, ऐसी अदालत अपेक्षा नहीं रख सकती।

वैसे तो हिंदी लेखिका कृष्णा सोबती का लघु उपन्यास 'यारों के यार' और मराठी लेखक जयवन्तळवी के उपन्यास 'माहीम नी खाड़ी' में नंगी गालियाँ ही लिखी हैं। ठोस गालियाँ। पर जो वातावरण उसमें दर्शाया गया है उसमें किसी के मुँह से सरस्वती बरसने की उम्मीद नहीं कर सकते। अगर झुग्गी-झोंपड़ी में रहनेवाले अनपढ़ गरीब हारे हुए, थके हुए हताश पात्रों के मुँह से शुद्ध संस्कृत और अलंकारिक भाषा निकले तो यह तो वह भद्रम् भद्रा पैरोडी समान हास्यरस की कृति बन जाए, अलबत्ता यह हास्यास्पद ज्यादा लगे या फिर आडंबर से बनी कृत्रिम कृति लगे।

इसलिए किसी भी कृति को अश्लील बताने के लिए लेखक का उद्देश्य क्या है, यह पहले देखना पड़ता है। इसी कारण अजंता, एलोरा की गुफाओं में शिल्पकारी की जो अप्रतिम मूर्तियाँ हैं उनको हम अश्लील नहीं मानते। मंटो विश्वास के साथ कहता है कि वह एक खानदानी परिवार का प्रपौत्र है। कहानियाँ लिखने के पीछे सस्ती प्रसिद्धि पाने का उद्देश्य उसका कभी नहीं रहा।

11

मंटो जो लिखता, उसके अनुसार वार्ता अच्छी हो या बुरी, पर यह श्लील और वह अश्लील, ऐसा वह कभी नहीं सोचता था। उसकी कहानी 'ठंडा गोश्त'

उसने अपने मित्र अहमद नदीम कासमी (संपादक-नक्श) को दी। कासमी ने मंटो के सामने, धीरे से पढ़ना शुरू किया। वह क्या निर्णय लेगा, इसका मंटो को अंदाज नहीं था। कहानी पढ़ने के बाद मंटो से क्षमा माँग रहा हो, ऐसे भाव चेहरे पर लाकर उन्होंने कहा कि "मंटो साहब, कहानी तो बहुत अच्छी है पर 'नक्श' के लिए 'हॉट' है।" इसीलिए चर्चा किए बगैर और कासमी के पास से यह कहानी वापस लेकर मंटो बोला, "ठीक है, मैं आपको दूसरी कहानी लिख दूँगा, आप कल आइएगा, दे दूँगा""।" दूसरे दिन कासमी मंटो के यहाँ पहुँचे। उस समय मंटो अपनी दूसरी कहानी 'खोल दो' के अंत तक आ चुका था। "थोड़ी देर बैठिए कहानी पूरी कर देता हूँ।" कहानी पूरी हो गई तो कासमी के हाथ में रखते हुए मंटो ने कहा कि "पढ़ लीजिए, खुदा करे आपको यह कहानी पसंद आए।" कासमी ने कहानी पढ़ना शुरू किया। कहानी के अंत तक पहुँचे तब उन्हें लगा जैसे उनको किसी ने अंदर से हचमचा दिया है। कहानी पढ़ने के बाद वे चुप हो गए। मंटो ने पूछा, "कैसी लगी ?" कासमी के ऊपर कहानी ने गहरा असर किया था। "अच्छी है रख लेता हूँ," बोलकर वे चले गए। 'खोल दो' नक्श में छप गई, सबको वह बहुत अच्छी लगी, परंतु पसंद-नापसंद के सरकार के मापदंड जनता से अलग होते हैं। सरकार को लगा कि इस कहानी की वजह से जनता में अशांति फैलेगी। इस कहानी को सरकार ने प्रतिबंधित कर दिया। सरकार के इस कदम पर अखबारों में बहुत कुछ छपा, पर सरकार ने प्रतिबंध न हटाने के निर्णय को कायम रखा। राजहठ, मंटो ने कासमी से मजाक करते हुए कहा, "अगर आपने 'ठंडा गोश्त' छापी होती तो भी यह बिजली आपके ऊपर ही गिरती।"

'अदबे-लतीफ' में 'ठंडा गोश्त' कहानी कंपोज हो चुकी थी। प्रूफ भी निकल चुका था। प्रूफ में भूल में सुधार होने के बाद जब कहानी मशीन पर आई तब किसी की नजर कहानी पर गई, दिलचस्पी बढ़ने से पूरी कहानी पढ़ डाली। यह काम तो संपादक का होता है। मशीन पर बैठे हुए एक आदमी ने संपादक का ध्यान इस ओर खींचा। संपादक ने मंटो को यह कहानी न छापने के लिए साफ-साफ बोल दिया।

इसके बाद 'नया दौर' में यह कहानी प्रकाशनार्थ भेजी गई। संपादक को तो कहानी पसंद आई लेकिन अपनी मैग्जीन में उसके लिए जगह नहीं

है, बोलकर वापस कर दी। साभार वापस ! कहानी संपादक को पसंद हो और छाप नहीं सके, ऐसा बहुत कम होता है। मंटो ने मन ही मन निश्चय कर डाला कि दो जगह से घर वापस लौटी इस बेटी को अब और कहीं बिदा नहीं करेंगे। छह माह बीत गए। 'जावेद' सामयिक ने इस कहानी को पाने के लिए बहुत कोशिश की इसलिए 'नया दौर' के संपादक ने मंटो को धीरे से कहा कि जावेद वाले अपना सामयिक जब्त करवाना चाहते हैं। आप के पास जो कहानी है वह उन्हें भेज दीजिए, वह जानें उनका काम जाने।

और 'जावेद' ने 1949 के अंक में यह कहानी प्रकाशित कर दी। सरकार ने उसे जब्त करने में एक माह से भी ज्यादा का समय बिता दिया। अंक जब्त हो गया। संपादक ने मंटो को एक पत्र लिखा कि पहली तीन कहानियों के लिए सजा पाने से आप बच गए थे, इस बार नहीं बचेंगे, ऐसा लगता है। यही कहानी उसे बहुत महँगी पड़ी।

पूर्व कथन के अनुसार यह कहानी नास्तिकता की कसौटी से भी गुजर गई थी। यह कहानी कोर्ट द्वारा निर्दोष बताई जाए इसके लिए उसने काफी मन्नतें रखी थीं। एक साल तक केस चला था और उसको इतने धक्के खाने पड़े थे कि उसकी पाँचवीं कहानी 'ऊपर, नीचे और दरमियान' पर अश्लीलता का केस हुआ तो उसने जरा भी प्रतिकार किए बगैर जुर्माना बिना आनाकानी के भर दिया।

इस केस के सिलसिले में वह न्यायाधीश के सामने खड़ा था। न्यायाधीश ने मंटो को सामने देखकर पूछा "क्यों आए हो ?" जवाब में मंटो ने कहा "मेरा नाम सआदत हसन मंटो है। मेरी कहानी 'ऊपर, नीचे और दरमियान' के ऊपर अश्लीलता की धारा 292 लगाकर मुझे यहाँ बुलाया गया है।" जज ने उसकी ओर देखते हुए कहा, "तशरीफ रखिए…।" मंटो को लगा कि वह किसी और को ही कह रहे होंगे। उसे तो तशरीफ रखने को कह ही नहीं सकते, क्योंकि लाहौर की कोर्ट में ऐसा रिवाज नहीं है, इसलिए वह खड़ा ही रहा। न्यायाधीश ने देखा कि मंटो अभी भी वैसा ही खड़ा है इसलिए उन्होंने दूसरी बार कहा कि "मंटो साहब, आप बैठिए।" न्यायाधीश के पास ही कुर्सी पर वह बैठ गया। न्यायाधीश ने उससे प्रश्न किया "इतनी देर से क्यों आए ?" मंटो ने जवाब दिया, "योर ओनर…मैं बीमार हूँ।" "तो डॉक्टर का सर्टिफिकेट

भेज देना था ना ?" "मैं इतना ज्यादा बीमार हो गया था कि मेडिकल सर्टिफिकेट भेजने के बारे में सोच भी नहीं पा रहा था" उसने अपने बचाव में कहा। "आप क्या चाहते हैं ?" जज ने पूछा। "मैं छुटकारा चाहता हूँ।" "इसके अलावा और कुछ चाहिए ?" "मुझे जल्दी मुक्त कर दो तो मैं जल्दी घर वापस जा सकूँ," मंटो ने कहा।

"इतना जल्दी तो नहीं हो पाएगा, क्योंकि मैंने अभी आपकी कहानी पढ़ी नहीं है। आज पढ़ लूँगा और कल फैसला सुना दूँगा।"

दूसरे दिन जब वह कोर्ट में हाजिर हुआ तब जज ने उससे कहा "विराजो"....वह कुर्सी पर बैठ गया। कागज की एक पर्ची निकालकर जज ने कहा, "मैंने लिख दिया है," फिर बाबू के सामने देखकर बोले, "आज क्या तारीख है ?" "पच्चीस"....मंटो को थोड़ा कम सुनाई देता था। उसके कान 'गो स्लो" पर थे, इसलिए उसको लगा कि पच्चीस रुपया जुर्माना हो गया है। सत्यापन के लिए उसने जज से पूछा, "योर आनर, पच्चीस रुपया जुर्माना ?" क्योंकि इसका अर्थ यह हो रहा था कि जुर्माने की इतनी मामूली रकम के लिए अपील नहीं कर सकते इसलिए यह रकम उसे भरनी पड़ेगी। जज ने 500 रुपये जुर्माना किया था, पर यह सुनकर उन्होंने 500 रुपए मिटाकर 25 कर दिया था। जज अपना इरादा बदले, उसके पहले मंटो के मित्र नसीर अनवर ने तत्काल पच्चीस रुपया भरते हुए मंटो के कान में कहा, "सस्ते में निपटे।"

अपील की माथापच्ची का कोई अर्थ नहीं था। वह जज साहब का शुक्रिया अदा करे, उसके पहले ही जज ने उससे पूछा, "आप कब जानेवाले हैं ?"

"शायद आज ही जाऊँगा।" मंटो ने बताया।

"नहीं, आज मत जाइएगा। मैं आपसे मिलना चाहता हूँ।"

"ठीक है, तब तक रुकूँगा।"

"कल चार बजे मैं आपसे कहाँ मिलूँ ?" जज ने पूछा। जिस जगह वह बियर पीने जाया करता था वहाँ का पता मंटो ने दे दिया। पर वे ऐसी कोई जगह जा नहीं सकते थे। पवित्र इनसान थे। इसलिए कॉफी हाऊस में मुलाकात तय हुई।

और, न्यायाधीश बराबर 4 बजे हाजिर हो गए। मंटो 15 मिनट देर

से पहुँचा। कुछ देर तक गप्प लगाते रहे। फिर मंटो को न्यायाधीश ने प्रेम से कहा, "मंटो साहब, मैं आपको इस युग का बहुत बड़ा कहानीकार मानता हूँ। आप ऐसा मत समझिएगा कि मैं आपका पाठक नहीं हूँ...।" यह सुनकर मंटो हतप्रभ रह गया। अपने आपको सँभालते हुए सरलता से पूछा, "आप कह रहे हैं कि आप मेरे प्रशंसक हैं तो फिर मुझ पर जुर्माना क्यों किया ?" उन्होंने मुसकराते हुए कहा, "इसका जवाब मैं आपको एक साल बाद दूँगा।"

पर न्यायाधीश मेंहदी अली सिद्दीकी या मंटो किसी को यह पता नहीं था कि यह मुद्दत बहुत लंबी थी, और मंटो को बड़ी जल्दी थी। अपनी मृत्यु के एक दिन पहले 17 जनवरी, 1955 के दिन इस न्यायाधीश को मंटो ने अंतिम पत्र लिखा था। उसकी मृत्यु के बाद सिद्दीकी साहब ने 'मंटो मेरी अदालत में' नाम का एक लेख तैयार किया था। इस लेख का एक अंश :

"मंटो आपकी आर्थिक स्थिति कैसी है ?"

"बहुत खराब है," मंटो बोला।

"आज क्या तारीख है ?" मैंने पूछा।

"पच्चीस...."

"मंटो साहब, आपको 25 रुपया जुर्माना करता हूँ...." मैंने जो कहा वह पहले तो मंटो समझ नहीं पाया। एक मित्र से उन्होंने पूछा : "वह तारीख पूछ रहे हैं या फैसला सुना रहे हैं।"

मेरे मत के अनुसार प्रेमचंद के बाद मंटो उर्दू का महान कहानीकार है। मंटो यह मानने को तैयार ही नहीं था कि उसने अश्लील कहानियाँ लिखी हैं। सत्य घटनाओं पर ही आधारित उसकी कहानियाँ थीं। लोगों को अश्लील लगे तो वह क्या करे ? वह घटना ही अश्लील है। उसके मत के अनुसार पूरा समाज ही वल्गर है। वह मात्र फोटोग्राफर है। उसने एक भी अश्लील शब्द का प्रयोग नहीं किया। वैसे भी सिर्फ अश्लील शब्दों का प्रयोग ही कसौटी नहीं है। ऐसा मैंने कहा तो उसने सामने से प्रश्न किया। "तो कसौटी क्या है ? हकीकत छिपाकर वास्तविक दर्शन कराने के बदले आप मुझे सजा दे रहे हैं ?"

"मैं आपको क्यूँ सजा दे रहा हूँ यह मैं बाद में बताऊँगा," मैंने कहा पर मंटो को दिए गए वचन को मैं पूरा नहीं कर सका। मेरे साथ उनकी

यह अंतिम मुलाकात थी······"

फिर तो ऐसे दिन आए कि मंटो का नाम सुनते ही सामयिक के संपादक भड़क उठते, वे इतने ज्यादा घबरा गए थे कि उनकी कहानियाँ छापने को तैयार ही नहीं थे। मंटो एक विस्फोटक पदार्थ का पर्याय बन चुका था। 'ठंडा गोश्त' के बाद तो प्रकाशक भी अपनी सलामती के बारे में पहले सोचने लगते थे। उनकी कहानी 'ऊपर, नीचे और दरमियान' छापने के लिए कोई तैयार नहीं था इसलिए उसने खुद ही कहानी छापी थी।

'दस्तगीर' पत्रिका के संपादक पंडित त्रिलोकनाथ आजम कार्यालय में बैठकर डाक से आई हुई कृतियों को जाँच रहे थे। इन कृतियों में मंटो की भी एक कहानी थी। मंटो ने पहली बार 'दस्तगीर' को वह प्रकाशनार्थ भेजी थी। डाक में जैसे टाइमबम आया हो, ऐसे भय से उन्होंने मंटो की कहानी की ओर देखा। वैसे तो संपादक का यही धर्म है कि वह पूर्वग्रह से मुक्त, ऊपर होना चाहिए, पर मंटो इसमें अपवाद था। उसकी कहानियों के लिए संपादक को बेहद पूर्वग्रह था। उसकी कहानियों को वे अपने सामयिक के योग्य नहीं मानते थे। (वैसे तो अपने समर्थ सर्जक पन्नालाल पटेल को ज्ञानपीठ अवार्ड देने की घोषणा हुई थी उसके कुछ दिन पहले ही उनकी एक कहानी एक सामयिक के संपादक ने साभार वापस करते हुए बताया कि आपकी कहानी हमारे सामयिक के स्तर की नहीं होने के कारण इसे वापस किया जा रहा है)।

कहानी चाहे कितनी ही सुंदर-कलात्मक हो, पर मंटो की दिगंबरी शैली इन संपादकों को पसंद नहीं आती थी। यह कहानी नहीं छापने के इरादे के साथ संपादक ने कहानी को एक कोने में पटक दिया था······और उतने में मंटो ने उनके कार्यालय में एंट्री ली। उसको अचानक आया हुआ देखकर संपादक को आनंद और आश्चर्य से एक साथ धक्का लगा। बहुत भावनात्मक तरीके से मंटो का स्वागत किया। मंटो खुशमिजाज किस्म का इनसान था। चाय के दौरान दोनों के बीच खुले मन से चर्चा हुई। संपादक ने मंटो से कहा कि मैं आपकी कहानी पर ही विचार कर रहा था। खराब मूड में होता तो शायद मंटो पूछ बैठता कि उसमें सोचने लायक क्या है ? पर उसके बदले उसने विवेक से पूछा, "फिर क्या सोचा ?" संपादक ने जरा संकोच से बताया कि यह कहानी मैं नहीं छाप पाऊँगा। भावशून्य चेहरा बनाकर मंटो ने कहानी

को वापस देने का कारण जानने की कोशिश की। अपने सामयिक के साहित्यिक स्तर के बारे में अभिमान से बताते हुए संपादक ने कहा कि कहानी इस साहित्यिक स्तर तक नहीं पहुँच सकती। मंटो ने सवाल किया, "अच्छा तो यह बताइए कि इसमें ऐसा क्या है जो साहित्यिक नहीं है ?"

"आपकी कहानियों को मैं समाज एवं साहित्य के लिए योग्य नहीं समझता⋯" संपादक ने स्पष्ट किया। "आपकी कहानियों में दर्शाई गई नग्नता मैं सहन नहीं कर सकता। अलबत्ता प्रेमचंद, सुदर्शन, कृष्णचंदर और 'अश्क' की तरह एक बड़ा समूह आपकी कहानियों को भी पढ़ता है, पर इन सब की कहानियों में समाज का जो दर्द अभिव्यक्त होता है वह आपकी कहानियों में नहीं होता। आपकी कहानियों में जो जुनून है उसको अर्थपूर्ण बनाएँ तो आप उच्चकोटि के कहानीकार कहलाएँगे।" संपादक को लगा कि उसकी इस टिप्पणी से मंटो गुस्सा हो जाएगा, उसके बदले में मंटो ने बिलकुल शांत रहते हुए कहा, "आजम साहब, आपने मुझे अच्छी सलाह दी, इसके बदले मैं आपका आभारी हूँ। पर आप जो कह रहे हैं वह मेरे लिए तभी संभव हो सकता है जब मैं समाज की हजारों बदियों को देखने के बजाए खूबियों को देखना शुरू कर दूँ। आप एक चिकित्सक-संपादक-साहित्यकार हैं इसलिए आप समाज और देश की नाड़ी देखते हो और एक मार्गदर्शक की तरह दवा करते हो, पर मैं कोई मार्गदर्शक नहीं हूँ, एक छोटा-सा लेखक हूँ। एक चित्रकार की हैसियत से देश और समाज की तसवीर अपनी नजर से बनाता हूँ। जो दिखता है, वही दृश्य बनाना चित्रकार का काम होता है। कोई चित्रकार आपका ऐसा चित्र बनाए जिसको देखकर कोई आपको पहचान न सके तो आप को पसंद आएगा ? उसी तरह मेरी बनाई हुई तसवीर भी बनावटी नहीं होती। मैं सिर्फ कल्पना नहीं करता, समाज में बनती-बिगड़ती घटनाओं की तसवीर कागज पर उतारता हूँ जिससे आप बचना चाहते हैं।"

उसके इस तर्क से आजम प्रभावित तो हुए, फिर भी उन्होंने प्रश्न किया—"पर आपकी कहानियों में जो नग्नता शामिल है, वह ?"

"मैं छुपाकर रखनेवाले सेक्स जैसे विषयों पर मुक्त चर्चा करता हूँ, पर अपने आपको उसमें डुबोता नहीं। समाज में चारों ओर हवस के पुजारी दिखते हैं, प्रेम के नाम पर वासना ही देखने को मिले तो फिर मैं उसे क्यों

छुपाऊँ ? मेरी कहानियों में जहाँ आपको नग्नता दिखती है वहाँ मुझे मानवता दम तोड़ती हुई नजर आती है। माफ करना, पर जहाँ मुझे वह दम दोड़ती नजर आएगी वहाँ मेरी कलम पूर्ण शक्ति से चलेगी, फिर उसे आप छापो या न छापो···।" बोलकर मंटो तेजी से बाहर निकल गया।

12

पंचतंत्र की तीन ठग और ब्राह्मण की कहानी में जैसे आता है, उसी तरह विवेचकों ने पाठकों और खुद मंटो के मन पर ऐसा असर डाला कि मंटो सिर्फ अश्लील कहानियाँ ही लिख सकता है, इसके अलावा उसे और कुछ भी लिखना नहीं आता। उसने शादी जैसे नाजुक और पवित्र विषयों पर सुंदर कहानियाँ लिखी हैं। उदाहरण के तौर पर 'टूटू'। तो यह कहानी···

टेलीफोन की घंटी बजी। सामने से पूछा गया, "मेमसा'ब हैं ?" फोन का रिसीवर बाजू में रखकर उसने पत्नी को बुलाया। फोन पर पत्नी ने 15-20 मिनट बात की। फोन रखकर पत्नी ने मुझसे कहा कि सआदत साहब, इस बार मामला गंभीर दिखाई दे रहा है। बात तलाक तक पहुँच चुकी है। ताहिरा का फोन था।

"ताहिरा ? कौन ताहिरा ?"

"मिसिस यजदानी···"

"आहो, मुझे सब समझ में आ गया, कोई नया झगड़ा हुआ है क्या ?"

"नया और बहुत बड़ा, जाइए। यजदानी आपके साथ बात करना चाहते हैं" पत्नी ने कहा। "मेरे साथ भला वह क्या बात करनेवाले होंगे ?" "पता नहीं, ताहिरा के पास से टेलीफोन छीनकर मुझे सिर्फ इतना बताया कि भाभीजान, जरा मंटो साहब को बुला दीजिए न !"

"मामला अत्यंत नाजुक है। आप और भाभी टैक्सी करके जल्दी आ जाइए···"

मैं और मेरी पत्नी कपड़े बदलकर यजदानी के जहाँ जाने के लिए निकल

पड़े। ताहिरा एक सुविख्यात संगीतकार की बेटी थी और यजदानी एक पठान का लड़का था, शायरी, नाटक वगैरह लिखता था। दोनों में प्रेम हो गया और दोनों ने शादी कर ली।

उनके यहाँ हम पहुँचे तब घर में से जोर-जोर से चिल्लाने की आवाजें आ रही थीं। ताने मारने की जैसे होड़ लगी थी। ताहिरा की फरियाद यह थी कि स्टूडियो की एक फालतू अभिनेत्री के साथ यजदानी भटकता रहता है। यजदानी ने इस बात का खंडन किया। ताहिरा कुरान की कसम खाकर कहने को तैयार थी कि उस अभिनेत्री के साथ उसके नाजायज ताल्लुकात हैं, हैं ही। यजदानी ने इससे साफ इनकार किया तो ताहिरा भड़क उठी और बोली : "ज्यादा झूठ बोलने की जरूरत नहीं है, नौकरानी को बुलाओ और पूछो, आपने उसे किस करने की कोशिश नहीं की थी ? वह तो अच्छा हुआ कि मैं उसी पल वहाँ पहुँच गई।"

"बकवास बंद करो⋯" यजदानी चिल्लाया। फिर से चिल्लाहट शुरू हो गई। दोनों को समझाया गया। यजदानी को मैंने समझाया भी और धमकाया भी कि भूल तो तुम्हारी है। एक बार माफी माँग लो मामला रफा-दफा हो जाए। "यह औरत कुछ ज्यादा ही बोल गई है, पर उसके बारे में मैंने एक भी शब्द बोला है, इनायत को आप पहचानते हैं—प्लेबैक सिंगर। इसके पिता का शिष्य, हाँ, यह स्त्री रोज उसको घर पर बुलाती है, एक बहाना बताकर कि इनायत मेरा प्रशंसक है, हो गया ?"

दो घंटे तक झगड़ा चलता रहा, फिर अकुलाकर मैंने कहा, "आप दोनों मिलकर साथ नहीं रह सकते हैं तो अलग हो जाइए" ताहिरा चुप हो गई। पर यजमानी कुछ सोच में पड़ गया। सोचकर वह बोला, "जुदा नहीं, तलाक ही।" ताहिरा ने जोर से बोला "तलाक-तलाक-तलाक⋯देते क्यों नहीं हो ? मैंने कहाँ आपके पैर पकड़कर कहा था कि मुझे तलाक मत दो ?" यजदानी ने गंभीरतापूर्वक कहा, "दे दूँगा और वह भी बहुत ही जल्दी⋯"

"आज ही दे दो न !" ताहिरा चीखी। यजदानी उठकर टेलीफोन के पास गया। काजी से बात करता हूँ। "बेबकूफी मत कर कुछ धीरज रख" मैंने कहा। "भाईजान, उसे रोकना मत।" मेरी पत्नी ने ताहिरा को धमकाया और बोली, "बकवास बंद कर⋯।" "यह बकवास मात्र तलाक से ही बंद

हो सकती है," यजदानी बोला।

"मुझे तलाक देकर उस चुड़ैल से शादी करेगा?"

"और तू ?"

"मैं वही आपके इनायत के साथ।" ताहिरा व्यंग्य में बोली। यजदानी डायरेक्टरी में से फोन नंबर ढूँढ़ने लगा। काजी को फोन करने लगा। हम विनती करने लगे तो ताहिरा बोली, "आप उसको कुछ भी मत कहिए, उसके पास दिल नहीं, बिलकुल पत्थर है। मेरे पिता के संगीत के साथ उसको प्रेम था। इतना बड़ा कलाकार उसको अपना दामाद बनाने के लिए राजी है, इस बात का उसे बहुत गर्व था। शादी की अनुमति के लिए भाई साहब ने उसकी बहुत चरण चंपी करी थी, और आज वह सब मन से निकल गया है। आपको वह भाई कहते हैं, आपकी इज्जत करते हैं। कह रहे थे कि भाईजान कहेंगे वही करूँगा, पर आप देख रहे हो ना !—काजी को फोन लगा रहा है। मुझे डाइवोर्स देने के लिए !" फोन करने जा रहे यजदानी को रोकने के लिए टेलीफोन खिसकाकर मैंने कहा, "जाने दो यार, बहुत हो गया।" "नहीं, हरगिज नहीं।" कहकर उसने फोन अपनी तरफ खींच लिया। ताहिरा ने कहा, "करने दो भाई जान, उसको मेरा तो क्या टूटू का भी खयाल नहीं है।"

"नाम मत लेना टूटू का।"

"क्यों नाम नहीं लूँ उसका ?"

"वह मेरा है···" रिसीवर रखते हुए उसने कहा। "जब मैं ही आपकी नहीं तो वह कहाँ से आपका हो जाएगा? आप तो उसका नाम भी नहीं ले सकेंगे···" ताहिरा बोली। उसने थोड़ी देर सोचकर कहा, "मैं उसकी व्यवस्था कर लूँगा···" ताहिरा का चेहरा एकदम फीका पड़ गया, "टूटू को मुझ से छीन लोगे ?"

"हाँ···"

"जुल्मी," ताहिरा के मुँह से चीख निकल गई। वह बेहोश होकर गिर पड़ी। वहीं उसको मेरी पत्नी ने थाम लिया। यजदानी परेशान हो गया। पानी के छींटे लगाओ, कोलन वाटर लाओ, स्मेलिंग साल्ट..डॉक्टर को फोन—उलझन में आकर उसने अपने बाल नोचने शुरू कर दिए, शर्ट फाड़ डाली। ताहिरा होश में आई तो उसका हाथ अपने हाथ में लेकर सहलाने लगा और बोला

"प्रिये, टूटू तुम्हारा है, तुम्हारा ही है।" ताहिरा रोने लगी, "नहीं वह तुम्हारा है" यजदानी ताहिरा की आँसू भरी आँखें चूमने लगा, "तू मेरी है, टूटू तेरा भी है, मेरा भी है।"

मैंने अपनी पत्नी को इशारा किया। टैक्सी खड़ी थी। हम दोनों उसमें बैठ गए। पत्नी मुसकुराती रही। मैंने उसको पूछा, "यह टूटू कौन है ?"

"उनका बेटा····"

"बेटा ? कब पैदा हुआ था ? मेरा मतलब है····"

"अभी पैदा ही नहीं हुआ, चौथा चल रहा है····," पत्नी बोली।

इस घटना के चार महीने बाद मैं बालकनी में विचाराधीन अवस्था में बैठा था। टेलीफोन की घंटी बजी। बेमन से टेलीफोन लेने उठने ही लगा कि घंटी बजनी बंद हो गई थी। थोड़ी देर में मेरी पत्नी वहाँ आई। मैंने पूछा, "किसका फोन था ?"

"यजदानी साहब का"

"कोई नई लड़ाई ?"

"नहीं, ताहिरा को लड़की हुई थी, पर मरी हुई," इतना बोलकर वह रोती हुई अंदर चली गई। मैं सोचने लगा, "अब अगर यजदानी-ताहिरा के बीच लड़ाई हुई तो कौन-सा टूटू मेल कराएगा ?"

मंटो ने बढ़िया कहानियाँ लिखीं, नाटक भी लिखे और रेखाचित्र भी, जो आज भी उतने ही ताजा और लाजवाब लगते हैं। उसके पात्रों में भी एक अलग किस्म का मिजाज झलकता दिखाई देता है। पाकिस्तान जाने के बाद उसने तत्कालीन प्रधानमंत्री पंडित जवाहरलाल नेहरू को एक काल्पनिक पत्र लिखा। पंडित नेहरू के नाम पंडित मंटो का पहला खत, जो इस किताब की भूमिका बन गया। 'बगैर उनवान' पुस्तक का अंश अर्पण है।

पाकिस्तान अपने निर्माण के दिन से ही भारत के साथ हमेशा कोई न कोई गलतफहमी पैदा करता रहा है। उन दिनों पाकिस्तान में ऐसी अफवाह फैल रही थी कि पंडित नेहरू पाकिस्तान को मिलनेवाली सभी नदियों का पानी बंद कर देंगे। इस अफवाह के संदर्भ में मंटो ने उनको लिखा था कि आपको मेरी ओर से एक फरियाद है, आप हमारी नदियों का पानी बंद कर

रहे हैं, और आपकी देखादेखी राजधानी के प्रकाशक बिना अनुमति मेरी पुस्तक धड़ाधड़ छाप रहे हैं। यह कैसी मानवता है ? हाँ वैसे मैं मानता हूँ कि आपके शासन में ऐसा बेहूदा बर्ताव कोई नहीं कर सकता, पर आप को सविनय निवेदन है कि दिल्ली, लखनऊ और जलंधर के कुछ प्रकाशकों ने मेरी पुस्तक गैरकानूनी तरीके से छापी थी। अश्लीलता का मुद्दा लेकर मुझ पर इतने केस चल रहे हैं, पर यह एक बड़ी घटना जो दिल्ली में आपकी नजरों के सामने, एक प्रकाशक ने मंटो के फोहश अफसाने (मंटो की अश्लील कहानियाँ) नाम से एक संग्रह प्रकाशित किया है। अब मैं क्या करूँ ? उसने आगे लिखा है कि "आपको मेरे खत में से जले हुए मांस की बू आएगी। आपको पता है कि गनी नाम का एक कवि अपने वतन काश्मीर में रहता था। उसके यहाँ ईरान से एक कवि आया। गनी के घर के दरवाजे खुले थे। वह कवि उस वक्त घर पर नहीं था। वह लोगों को कहता रहता था कि मेरे घर में ऐसा तो क्या है जिसकी वजह से मुझे दरवाजा बंद रखना पड़े ? अलबता, मैं घर में होता हूँ तो दरवाजे बंद कर लेता हूँ, वह इसलिए क्योंकि मैं ही एक उसकी मिल्कियत हूँ…।" वह पत्र उसने 27 अगस्त, 1954 को लिखा था।

मंटो की कमाऊ पूत जैसी पुस्तकें उसके अलावा बाकी सबको लाभ दे गईं। भारत, पाकिस्तान और अन्य कई देशों में उसकी कहानियाँ बगैर उसकी जानकारी के, बिना अनुमति के छपती रही हैं। लाहौर से उसने 1954 में एक भारतीय प्रकाशक को पत्र लिखा था।

यूसुफ साहिब,

सलाम ! मुझे अत्यंत दुख है कि बारंबार पत्र लिखने के बावजूद आपकी ओर से मुझे कोई उत्तर नहीं मिलता है। मेरे साथ आपने पाँच हजार रुपए में अनुबंध किया था कि आप मेरी तमाम पुस्तकों के हक का संरक्षण करेंगे और वहाँ जो पुस्तक छपेगी उसकी रायल्टी वसूल करेंगे। वहाँ मेरी कई पुस्तकें प्रकाशित हुई हैं, स्पष्ट है कि आपने अच्छे पैसे वसूल किए होंगे।

अगर आप मेरे अच्छेपन का गलत फायदा नहीं उठाना चाहते हैं तो जमा की हुई रकम में से दो हजार रुपए कतील शिफाई को चुकता कर देंगे, नहीं तो फिर मुझे कोई और रास्ता ढूँढ़ना पड़ेगा, यानी मुझे खुद आपके पास

आना पड़ेगा। याद रखना, मैं अभी जिंदा हूँ और मुझे अपना हक वसूल करना आता है।

सेवक
सआदत हसन मंटो

पैसे माँगने या वसूल करने के मामले में मंटो जरा भी हिचकिचाता नहीं था। 'मुगले आजम' से फेमस होनेवाले के. आसिफ उन दिनों नए-नए डायरेक्टर थे, और 'फूल' नाम की फिल्म बना रहे थे। इसी अनुसंधान में वे एक दिन मंटो के घर गए। मंटो से उन्होंने कहा, "मैं तुझे कहानी सुनाने के लिए आया हूँ।" मंटो ने उन्हें मजाक में बताया कि "तुमको पता है, कहानी सुनने की भी मैं फीस लेता हूँ ?" यह सुनकर आसिफ उलटे पैर चल दिए। मंटो उनके पीछे दौड़ा—यह कहने के लिए कि दोस्त, मैं तो मजाक कर रहा था, पर आसिफ उसकी बात कान तक पहुँचाए बगैर ही चल दिए। मंटो को बड़ा पछतावा हुआ। मजाक की बात को गंभीर मानकर आसिफ चले गए थे।

कुछ दिन बाद एक आदमी लिफाफा लेकर मंटो के घर गया। मंटो ने लिफाफा खोला तो उसमें सौ-सौ रुपए के पाँच नोट निकले। साथ में चिट्ठी भी थी। "फीस भेजी है, कल मैं आ रहा हूँ।" मंटो स्तब्ध रह गया। कहानी लिखने के उसको मुश्किल से 30 से 35 रुपए मिलते, और कहानी वह भी किसी और की लिखी हुई सिर्फ सुनने का पाँच सौ रुपया ?"

दूसरे दिन सुबह नौ बजे आसिफ उसके घर पहुँच गया। पूछा, "डॉक्टर साहब, फीस मिल गई न ?" मंटो शर्मिंदा महसूस करने लगा। उसने पल-भर सोचा कि पाँच सौ रुपया वापस कर दूँ, उतने में ही आसिफ ने कहा, "यह पैसे मेरे या मेरे पिताजी के नहीं हैं, प्रोड्यूसर के हैं। मेरी यह भूल थी कि आपकी फीस के बारे में सोचे बगैर ही मैं आपके पास आ गया था। वैसे मुफ्त काम कराने का मेरा कोई इरादा नहीं था। चलो, कहानी सुनने के लिए तैयार हो जाइए। और किसी की लिखी कहानी मंटो को सुनाकर आसिफ ने पूछा, "कैसी लगी ?"

"बकवास है," मंटो ने दृढ़तापूर्वक कहा। "क्या कहा ?" अपने होंठ काटते हुए आसिफ ने पूछा, मंटो ने फिर से जवाब दिया।

"कह तो रहा हूँ, बकवास है।" आसिफ ने उनको समझाने का प्रयास किया। मंटो ने उनको कहा, "देखो आसिफ साहब, आप एक बड़ा वजनदार पत्थर लाकर मेरे सिर पर रख दो, फिर उसके ऊपर बड़ा हथौड़ा मारो तो भी मैं ऐसा ही कहूँगा कि यह कहानी बिलकुल बेकार है।" मंटो का हाथ अपने हाथ में लेकर चूमते हुए आसिफ ने कहा, "सचमुच ही बकवास है, आपके पास से यही सुनने की अपेक्षा के साथ आया था।" फिर आसिफ ने उस कहानी पर फिल्म बनाने का इरादा छोड़ दिया। पर मंटो की प्रामाणिकता पर आसिफ फिदा हो गए। वरना पाँच सौ रुपएं में इतनी ताकत है कि वह कितनी भी कचरा कहानी को अद्‌भुत कहला सके।

13

कुछ सामयिकों के संपादकों के पास से अग्रिम भुगतान लेकर ही मंटो उनको कहानियाँ देता। वह कहानियाँ लिखता नहीं, टाइपराइटर पर कागज चढ़ाकर सीधा टाइप करने लगता—पर जेब गरम होने के बाद ही उसकी उँगलियों के पोरों में टाइप करने जितनी गर्माहट आती। एक दिन किसी दिवंगत लेखक का पुत्र मंटो के पास गया। एक सुंदर कहानी की माँग की।

"किसलिए ?" मंटो ने जानना चाहा। "मेरे पिताश्री की स्मृति चिरंजीव रहे इसलिए मैं एक ग्रंथ तैयार कर रहा हूँ। आपकी कहानी के बगैर ग्रंथ अधूरा रहेगा।" "कितने पैसे लाए हो ?" मंटो का मूलभूत प्रश्न। "पैसा ?" मुझसे कहानी लिखने के पैसे किसी लेखक ने नहीं माँगे। उपेंद्रनाथ 'अश्क', कृष्णचंदर, इस्मत चुगताई ये सब कुछ भी लिए बगैर कहानी देने के लिए सहमत हुए हैं।"

"वह कुछ भी हो, पैसे तो आपको देना ही चाहिए।" मंटो ने दृढ़ता से कहा। "अपने पिताजी की याद में मैं इतनी बड़ी रकम खर्च करके पुस्तक तैयार कर रहा हूँ और आप पैसे माँग रहे हैं ? यह सब मैं अपने वालिद के लिए करता हूँ।"

और मंटो ने उसकी आँख में आँख डालकर अपने अंदाज में कह दिया, "देखो भाई, तुम इतना सारा खर्च उठा रहे हो तो मुझे 25-30 रुपए देने में क्या तकलीफ है? तुम यह नहीं चाहते कि जैसे तुम्हारे वालिद की याद में तुम पुस्तक बना रहे हो, वैसे मैं भी अपने वालिद की कब्र पर कम-से-कम एकाध फूल तो चढ़ा सकूँ !"

पर उसकी हथेली में छेद होने के कारण उसके हाथ में पैसा बचता नहीं था। पानी की धार के समान बह जाता था। फिर भी अपनी मुफलिसी में ही वह ठाट से जीता। उसकी दिनचर्या जानने लायक थी।

मुर्गे की बाँग सुने बगैर पाँच बजे ही उसकी आँख खुल जाती, पर पाँच से आठ बजे तक बिस्तर में पड़े-पड़े करवटें बदलने का व्यायाम करता रहता। आठ बजे अगर मूड हो तो नहाए या फिर मुँह-हाथ धोकर अखबार पढ़ने लगे। खास करके स्थानीय समाचारों में उसको ज्यादा दिलचस्पी रहती थी। इन समाचारों में वह कहानियाँ ढूँढ़ता रहता। कहानियों की कच्ची सामग्री उसे समाचारों में से मिलती रहती। नौ बजे वह अपने नौकर जमील को पाँच-छह आवाजें लगाता। और वह भी मंटो का ही नौकर ठहरा, पहली-दूसरी आवाज सुनकर हड़बड़ाकर मालिक के पास आने के बजाय सरकारी कर्मचारी की तरह आराम से मंटो के रूम में प्रवेश करता। उसके हाथ में एक तस्तरी होती और उसके ऊपर दो उबले अंडे रखे होते। नाश्ता करके मंटो वापस सो जाए, अनुसंधान आठवें पन्ने की नींद। कोई मिलने आए तो बेमन से ही उठना पड़े। अपने विशिष्ट प्रकार के सोफे पर बैठकर आगंतुकों के साथ गपशप शुरू होती। इस गपशप की आयु दोपहर के डेढ़ बजे तक की रहे, फिर एक-दो चपाती-रोटी, मन हो उतना खा ले। भोजन के बाद कागज कलम हाथ में लेकर 786 लिखकर कहानी का श्रीगणेश करे। दिमाग कोरी स्लेट जैसा हो, क्या लिखना है उसकी भी खबर न हो परंतु एक बार लिखना शुरू करे तो कुछ न कुछ लिखा जरूर जाए। जब चौथे पन्ने तक आ जाए तो वह अपने आप पर ही हुक्म चलाकर कहे कि सआदत हसन, जाइए कपड़े बदलकर आइए। जैसे-तैसे कहानी पूरी करके ताँगे में बैठकर किसी एक सामयिक के ऑफिस पहुँच जाए। उसके अंतिम दिनों में तो 'मक्तवा-ए-कारवाँ' उसकी एकमात्र मंजिल बन चुकी थी। उसके मालिक हमीद चौधरी (एम. ए.

फिलासफी) ताँगा देखते ही जेब में से 20 रुपए निकालकर मंटो से कहानी लेकर 20 रुपए उसके हाथ में थमा देते थे। फिर मंटो साहब उसी ताँगे में बैठकर 'इंग्लिश वाइन हाऊस' को ओबलाइज करने चले जाते। पुरस्कार के रूप में मिले 20 रुपए में से साढ़े सत्रह रुपए की दारू पी जाते। एक रुपया ताँगेवाले को भाड़ा चुकाने में खर्च करते। एक रुपए की कैप्स्टन सिगरेट खरीदते और अंत में बचती अठन्नी जिसका सदुपयोग तरकारी खरीदने में करते।

शाम को छह बजे घर पहुँच जाते। कोई मिलने आ जाए तो इधर-उधर की गप्पें शुरू हो जातीं। बातों के दौरान थोड़ी-थोड़ी देर में अंदर के कमरे में जाकर अपना गला गीला करके आ जाता। रात को साढ़े नौ-दस बजे तक हँसी-मजाक चलता। रात को खाने में एकाध टोस्ट या आधी रोटी-भाखरी जो कुछ आसान तरीके से मिले, वह पेट में उतारकर साढ़े दस बजे तक बिस्तर में करवटें बदलता रहता।

वह अनिद्रा का मरीज था। उसमें भी जब उसे दारू पीने को न मिले, उस दिन उसकी हालत देखने जैसी होती थी, या नहीं देखने जैसी होती थी। उसकी पत्नी सफिया की मंटो से एक ही माँग रहती थी कि या तो आप दारू छोड़ दो या फिर कहानी लिखना बंद कर दो क्योंकि उसका लिखना शराब के लिए ही रह गया है। पत्नी कहती कि लिखना छोड़कर कोई किराने की दुकान खोल दो, जिससे उतने समय तक पीना तो बंद रहे !

जरूरत से ज्यादा मद्य सेवन की वजह से उसे लाहौर के अस्पताल में भर्ती होना पड़ा था और उस वक्त वह मरते-मरते बच गया था। उसने चालीस दिन में चालीस कहानियाँ लिख डाली थीं। यह सब कहानियाँ उसने 'मक्तवा-ए-कारवाँ' को दे दी थी। अलबत्ता कहानी के लिए उसे ज्यादा मेहनत नहीं करनी पड़ती थी। वह जहाँ रहता था, उस मकान के चौकीदार ने उसे बताया कि मंटो साहब पड़ोस के फ्लैटवाली एक स्त्री ने अपने स्तन काट डाले हैं। बस, इतनी-सी घटना सुनकर उसने एक सुंदर कहानी लिख डाली औलाद। उस कहानी को लिखने के पाँच मिनट पहले वह अपने एक मित्र को कह रहा था कि यार, कहानी मेरे दिमाग से नहीं निकलती। जेब में से निकलती है। 11 मई, 1954 से जून 1954 के दौरान 20 कहानियाँ उसने 23 दिन में रोज की एक बाटल की दर से लिखी। एक प्रकाशक ने उसे दर्जी की तरह रोजनदारी

पर कहानी सिलने के लिए बिठा दिया। उसने खूब पीना शुरू कर दिया। एक दिन उसके परम मित्र अहमद नदीम कासमी ने उसे शराब पीने से रोका था तब मंटो उस पर गुस्सा होकर बोला था—"यह मेरा प्राइवेट मामला है और तुम मेरे दोस्त जरूर हो, पर मैंने तुम्हें अपने जमीर की मस्जिद का इमाम मुकर्रर नहीं किया है।" पर दूसरे दिन जब नार्मल हो गया तब मंटो यह जान पाया कि नशे में वह कुछ ज्यादा ही बोल गया था।

इसके बाद लाहौर में एक बार मंटो नदीम के यहाँ नशे में धुत पहुँच गया तब उसने 1937 से 1954 तक की तमाम बातें विस्तार से सुनाई थीं। उसकी स्मरण शक्ति देखकर नदीम प्रभावित हो गया था। इसके बाद मंटो बोला, "यह बातें नोट कर लो मेरी जान, शायद चंद दिनों बाद मरहूम मंटो की यादें लिखनी पड़ें।" मंटो के लिए नदीम के दिल में सम्मान के साथ प्रेम की भावना थी, इसलिए इसी मौके का फायदा उठाकर मंटो से सेंटिमेंटल ब्लैकमेलिंग करने के इरादे से नदीम ने कहा तुमको मेरी दोस्ती प्यारी हो तो शराब छोड़नी पड़ेगी। तुम पागल की तरह पीते रहते हो। तुमको यह नहीं पता चल रहा कि जिस घर में तुम पीते रहते हो, उसी घर में तुम्हारी एक प्यारी-सी लाड़ली निकहत भी रहती है। यह वही प्यारी-सी बेटी है जिसकी एक अजीब सुंदर तसवीर तुमने मुझे बंबई भेजी थी जो मैंने आज तक सँभाल कर रखी है। तुम तो साहित्य के गृहमंत्री हो, पर तुमको इस हालत में देखकर कुछ सालों बाद उसके दिमाग में क्या आघात होगा, इस बारे में तुमने कभी सोचा है। तुमको अगर इस बात की प्रतीति न हो रही हो तो अपने आप को बिना कलम का गृहमंत्री समझना क्योंकि वह लेखक तुम्हारे मन में ही कैद हो चुका है।" इसको सुनकर मंटो ने उत्तेजित होकर सुना दिया कि "इस खुलासे की कोई खास आवश्यकता नहीं है।"

फिर से उसने नदीम को याद दिलाया कि उसके निजी मामले में दखल देने का अधिकार उसको नहीं दिया गया है, नदीम वहाँ से चले गए। उनको लगा कि वह ठीक हो जाएगा तब ऐसा बोलने के लिए पछताएगा। पर इस बार वह नहीं पछताया। कुछ दिन बाद मुलाकात होने पर नदीम ने फरियाद की तब उन्हें पता चला कि उस दिन उसने जो लंबी-लंबी बातें की थीं, वह उसके अंतिम शब्द थे, वह नशे की बातें नहीं थीं, बिना नशे की हालत में

कही गई बातें थीं। फिर तो उन्होंने भी हथियार डाल दिए, और शरणागति स्वीकार ली।

शराब मंटो और उसके मित्रों के बीच दीवार बन गई थी। अहमद नसीम कासमी भी उसके शिकार हुए।

नदीम ने एक लं"'बा खत मंटो को लिखा था, उस समय वे दोनों मित्र लाहौर में थे। यह पत्र नदीम ने मंटो को न देकर पोस्ट में भी नहीं डाला। उसे खुले पत्र की शक्ल देकर पेशावर के प्रगतिशील सामयिक 'संगे मील' में छपवा दिया। कहते हैं कि मंटो को जब इस पत्र की जानकारी मिली तो खुले पत्र को पढ़े बगैर, घर जाकर नदीम के पत्रों का पुलंदा जो वह मुंबई से साथ ले गया था उठाकर अग्नि में झोंक दिया और अपनी जलती मैत्री की राख निस्तेज आँख से देखता रहा।

मंटो अपने लिखने की मेज के खाने में दारू की बोतल छुपाकर रखता था। उसका कारण यह था कि उसकी बड़ी बहन उसके यहाँ रहने के लिए आई थी। मंटो कहता, मैं अपनी बड़ी बहन से डरता हूँ, और आजकल के बच्चे इतने चालाक हैं कि उनको हजार बार समझाएँ कि इस बॉटल में तेल भरा हुआ है फिर भी बॉटल की ओर घूर-घूरकर देखते रहते हैं। इसलिए उनसे भी छिपाकर रखनी पड़ती है। बाकी रही सफिया, मंटो की पत्नी। उसको लगा कि अब मंटो शायद उसे छोड़ देगा पर इसे नहीं छोड़ेगा, इसलिए उसने मंटो के पीने के लिए एक पेग नाप तय कर रखा था। मंटो की इससे प्यास नहीं बुझती थी, इस कारण छुपाकर चुपके से पीना पड़ता था।

अंतिम दिनों में खाने से ज्यादा पीने की उसको चिंता रहती। पास में इतना पैसा नहीं, फिर भी पीने की जुगाड़ वह कहीं से भी कर लेता था। घर के लोग क्या खाकर गुजारा कर रहे हैं, इससे वह बेखबर था क्योंकि सारा दिन वह शराबी दोस्तों के यहाँ पसरा रहता था। उसका पता कोई न कोई शराबखाना ही रहता था।

मंटो की लिखी कहानी से 'मिर्जा गालिब' फिल्म बनी जो उसकी एक मात्र सफल फिल्म थी। और अंत में तो वह गालिब के साथ पीने की स्पर्धा में उतर गया। एक अच्छे लेखक होने के साथ-साथ एक अच्छे शराबी की प्रतिष्ठा भी समाज में प्राप्त कर ली थी। इस प्रतिष्ठा के कारण वह शर्म

अनुभव कभी नहीं करता था। एक लेखक तूफैल ने उसके निजी जीवन पर एक लेख लिखा था, उसके जवाब में उसने बताया था कि⋯

"कल रात को मुझे सफिया ने कहा कि तुमने 'नक्श' में मेरे ऊपर एक लेख लिखा है। मैं बहुत नशे में होने के कारण उस वक्त लेख पढ़ नहीं पाया था। हालाँकि सफिया को लेख पसंद आया था इसलिए मेरे कहने पर उसने थोड़ा-सा पढ़कर सुनाया जो मुझे बिलकुल पसंद नहीं आया। इस कारण आपको आधा दर्जन जितनी गालियाँ दीं और फिर मुझे नींद आ गई, सुबह उठकर यह लेख मैंने पढ़ा तो मुझे अच्छा लगा। आपने जो कुछ भी लिखा है, उसको मैं अमान्य नहीं करता। मेरी कमजोरियाँ उजागर करने के लिए मैं खुश हुआ हूँ कि आपने बिलकुल भी हिचकिचाए बगैर सब कुछ हिम्मत से लिखा है। इस लेख में मैं जितना दिखता हूँ उससे कहीं ज्यादा हूँ। यह सारी खूबियाँ मुझमें मौजूद हैं। पर मेरे लिए यह अनुभव करने से भी ज्यादा है। इस विषय में मैं और कुछ जानना चाहता हूँ। मैं शराब पीता हूँ तो किसलिए इससे इनकार करूँ ? किसी से मैं उधार पैसा लूँ तो मैं उसको मना नहीं कर सकता। कुछ लोग इसका बुरा मान सकते हैं तो मानने दो। मैंने इन सब बातों की चिंता की होती तो सौ से अधिक कहानियाँ मैं लिख न सका होता।

14

वह बोलने में जितना बेबाक था, उतना ही लिखने में भी था। उसके समकालीन, सहकर्मी और शत्रु-मित्र ऐसे उर्दू लेखक उपेन्द्रनाथ 'अश्क' को उन्होंने एक बार सुना दिया था कि "आई लाइक यू, दो आई हेट यू" (मैं आपका तिरस्कार करता हूँ, फिर भी मैं आपको चाहे बगैर नहीं रह सकता)। यह वाक्य जैसे मंटो की ओर से मिला सर्टिफिकेट हो, इसे 'अश्क' जी ने हमेशा याद रखा। वह समय था जब मंटो का मित्र होना एक गौरव की बात थी। साथ-साथ उसका शत्रु होने में भी लोग गौरव समझते थे। अश्क ने एक पुस्तक लिखी है, 'मंटो मेरा दोस्त : मेरा दुश्मन'। उनके और मंटो के बीच लव-हेट्रेड के

संबंध थे। इस विषय पर उन्होंने अपनी पुस्तक में विस्तार से लिखा है कई बार ऐसा होता है कि दो सज्जनों के ग्रह एक-दूसरे के साथ ऐसे टकरा जाते हैं कि दोनों एक-दूसरे को अपना शत्रु मानने लग जाते हैं। ठीक ऐसे ही मंटो ने अश्क से कहा था "आई लाइक यू, दो आई हेट यू।" इसी प्रकार उपेंद्रनाथ 'अश्क' ने अपना नाट्य संग्रह 'चरवाहे' मंटो के रिमार्क के लिए अर्पण किया था—"मंटो के नाम : जो मुझे कभी अच्छा लगता है और कभी सख्त बुरा।" अश्क जी को इस बात के लिए इसलिए दाद देने की इच्छा होती है कि उन्होंने भी मंटो की ओर अपनी भावनाओं को मात्र एक ही वाक्य में जाहिर कर दिया। साहित्य जगत में इस प्रकार की प्रामाणिकता बहुत कम देखने को मिलती है।

अलबत्ता अश्क के ऊपर मंटो ने थोड़ा मजाक भी किया है, गंभीरता से कुछ नहीं लिखा। पर अश्क ने पूरी गंभीरता से, तटस्थता से और हृदय-पूर्वक अपने और मंटो के बीच के संबंधों की बातें खुले दिल से लिखी हैं। यह पुस्तक वैसे तो वे लिखनेवाले नहीं थे पर उनके मित्र ऐसा प्रचार कर रहे थे कि मंटो और अश्क के बीच में 36 का आँकड़ा है। दोनों एक-दूसरे के कट्टर शत्रु हैं। और, कृष्णचंदर ने एक लेख द्वारा दोनों की दुश्मनी की बात पर मोहर लगा दी थी। इसलिए लोगों के मन में यह बैठ गया कि इनकी दुश्मनी काफी गहरी है। फिर अश्क को लिखना पड़ा कि मंटो मेरा शत्रु था। मंटो के साथ अश्क कई दिनों तक काम करते रहे, इसलिए मंटो के ऊपर कुछ लिखना चाहिए, ऐसे खत उनको मिलने लगे। मंटो को अश्क सिर से पैर तक पहचान चुके थे। एक पुस्तक में उन्होंने लिखा है कि मेरी उसके साथ दोस्ती भी रही और दुश्मनी भी। मंटो के चरित्र पर बहुत नजदीक से मैं प्रकाश डाल सकता हूँ।

अश्क ने मंटो पर जो पुस्तक लिखी है, वह लाहौर के एक सामयिक 'नक्श' में दो हफ्ते पहले ही छप चुकी थी। यह लेख पढ़कर उनके और मंटो के मित्र जैसे राजेंद्र सिंह बेदी ने अश्क से कहा था कि मंटो पर लिखा आपका लेख पढ़कर ऐसा लगता है कि आप दुश्मन होने के बावजूद मंटो के कहे-सुने दोस्तों की अपेक्षा कितने नजदीक हैं !

मंटो की पत्नी सफिया ने इस लेख के अनुसंधान में अश्क को लिखा था

कि 'नक्श' में आपका लेख पढ़ा। मंटो की बहन को यह लेख पसंद नहीं आया पर मुझे अच्छा लगा। आपने सारी बातें सच्ची लिखी हैं। उस समय सफिया ने एक भाग ही पढ़ा था। जब दूसरा भाग पढ़ा तो उसने प्रतिभाव दिया कि आपके लेख का दूसरा भाग हम सबने मिलकर पढ़ा, बहुत अच्छा लगा। बहन रो पड़ी। ''हालाँकि यह लेख पढ़कर मंटो के कई चाहनेवाले नाराज हो गए। एक पाठक ने तो पत्र भी लिखा था कि मंटो आज इसका जवाब देने के लिए जिंदा तो नहीं है। ऐसे मौके पर यह लेख नहीं छपना चाहिए। इसके बाद का लेख रोक दीजिए। मंटो के विषय में किसी भी प्रकार की तीखी टिप्पणी या अप्रिय बात सुनने या पढ़ने के लिए मंटो के प्रशंसक तैयार नहीं थे।

मंटो स्वभाव का बड़ा जिद्दी था, वह जो कुछ भी लिखता था ऐज इट इज–यथावत–छपे या प्रसारण हो, इसका आग्रह नहीं, हठाग्रह करता। उसकी जिद के कारण उसे ऑल इंडिया रेडियो की नौकरी छोड़नी पड़ी। उसके नाटक में एक अधिकारी ने कुछ सुधार सुझाए थे, मंटो ने स्पष्ट सुना दिया था कि इस नाटक का प्रसारण करना हो तो जैसा मैंने लिखा है, वैसा ही होना चाहिए। अगर यह नहीं करना हो तो यह नाटक रद्द कर दें। और फिर नाटक में हुए सुधार को स्वमानभंग समझकर उसने दिल्ली ही छोड़ दी।

वह अत्यंत संवेदनशील था। छोटी-सी बात सुनकर विचलित हो जाता। एक निःसहाय स्त्री की लाश गुजरात में किसी सड़क पर मिली थी। अखबार में छपी खबर के अनुसार यह स्त्री अपनी मासूम बच्ची के साथ बस स्टाप पर आई थी। वहाँ से दोनों को भगा दिया गया था। लगभग आधा दर्जन पुरुषों ने उस पर बलात्कार करके अपनी वासना संतुष्ट की थी। कड़कड़ाती ठंड में इन दरिद्रों के चंगुल से भागी तब उसके अंग पर कपड़े का एक तार भी बाकी न था, इतनी असहनीय ठंड में माँ-बेटी ठिठुरकर मर गईं। यह त्रासदायक घटना जानकर मंटो अंदर से विचलित हो उठा था। इस घटना पर वह कहानी लिखना चाहता था। उसी दिन शाम के समय गुजरात के कुछ लोग उसके पास गए थे और उन लोगों ने इस प्रसंग का हूबहू बयान किया। इसी से शायद वह आवेश में आ गया। इसी आवेश में उसने रोज की अपेक्षा ज्यादा दारू पी ली जो उसके लिए घातक साबित हुई।

उस दिन वह देर रात को घर लौटा। थोड़ी देर में उसे खून की उल्टी हुई। इस विषय में उसने किसी को कुछ बताया नहीं। रोज की तरह रात का खाना खाया। घर में किसी को पता नहीं चला कि मंटो का यह अंतिम भोजन है। चेखव ने जिस तरह अपनी पत्नी ओल्गा को देर रात जगाया था, उसी तरह मंटो ने भी अपनी पत्नी सफिया को जगाकर बताया था कि उसको असह्य पीड़ा हो रही है और खून भी उल्टी में बहा है। उसको लगा कि उसका लीवर फट गया होगा। पत्नी को लगा कि वह अकेली मंटो की इस स्थिति का सामना नहीं कर पाएगी इसलिए घर के और सदस्यों को भी जगा दिया। मंटो को मौत के मुँह से वापस लाने के लिए सब लोग असफल प्रयास करने लगे। भूतकाल में ऐसी गंभीर बीमारियों से वह अनेक बार बचा था, इसलिए किसी को यह कल्पना नहीं थी कि वह बहुत कम समय का मेहमान है। शायद उसे खुद भी इस बात का इल्म नहीं था कि उसका समय पूरा होनेवाला है। इंजेक्शन लेने के बाद डेढ़-दो घंटे तक वह समझ नहीं पाया था कि यमदूत कॉलबेल बजाने के लिए उसके दरवाजे आ खड़े हुए हैं। इलाज का उसकी तबीयत पर खास कोई असर न हुआ। उसकी नाड़ी टूटने लगी, लीवर का दर्द बढ़ने लगा, खून की उल्टियाँ भी बंद नहीं हुईं।

सुबह डॉक्टर ने सलाह दी कि उसे अस्पताल में भर्ती कर दो। उस समय मंटो कुछ स्वस्थ था। हॉस्पिटल का नाम सुनते ही उसने कहा, "अब बहुत देर हो चुकी है मुझे हॉस्पिटल मत ले जाना। यहीं शांति से पड़े रहने दो।" घर में स्त्रियों के लिए यह दृश्य कँपानेवाला था। उन्होंने रोना शुरू कर दिया। मंटो खीजकर बोला, "खबरदार कोई रोया तो !" रजाई में मुँह डालकर सो गया। मंटो का यह असली मिजाज था।

एंबुलेंस आने से पहले दो-तीन बार अपने चेहरे से चादर हटाकर उसने कहा था कि "मुझे ठंड लग रही है, इतनी ठंड तो कब्र में भी नहीं लगेगी, मुझ पर दो रजाई और डाल दो।" थोड़ी देर बाद उसके चेहरे पर एक अलग किस्म की चमक दिखाई दी। धीरे से उसने कहा, "मेरे कोट की जेब में साढ़े तीन रुपए रखे हुए हैं। उसमें थोड़े पैसे और मिलाकर मेरे लिए एक पेग विहस्की मँगवा दो।" यह उसकी अंतिम इच्छा थी। जीवन के अंतिम क्षण तक उसने दारू को चाहा था, लीवर फाड़कर चाहा था। यह उसकी अंतिम इच्छा है,

यह जानकर परिवारजनों ने विहस्की मँगवा दी। बॉटल की ओर उसने, प्रियतमा की ओर देख रहा हो, ऐसे भाव से देखा और बोला, "मेरे लिए दो पेग बनाओ।" शायद मन में बड़बड़ाया होगा कि एक जिंदगी के नाम और दूसरा मौत के नाम...उसके चेहरे पर जरा भी भावुकता नहीं थी। अपने बच्चों, परिवारजनों या पुस्तकों किसी को पास नहीं बुलाया। चम्मच से गंगा जल की तरह उसके मुँह में शराब डाली गई। दो चम्मच मुश्किल से उसके गले से उतरी होगी कि वह बेहोश हो गया...एंबुलेंस आ गई। उसको एंबुलेंस में सुलाया गया। अस्पताल पहुँच गए, डॉक्टर ने उसकी एंबुलेंस में ही जाँच की। पहले दो-तीन बार बेहोश होने के बाद भी वह होश में आ गया था। इस बार वह होश में नहीं आया—पहली ही बार...इसी बेहोशी में वह खुदा के दरबार में पहुँच चुका था।

ऊपर जाकर वह होश में आया होगा और देवदूत ने उससे मजाक में पूछा होगा—"मंटो के बच्चे, बोल जन्नत या जहन्नुम ?" तब मंटो ने सामने से पूछा होगा कि "विहस्की कहाँ मिलेगी ?"

उसके पाकिस्तान के खिलाफ लिखे लेख मुस्लिम खिलाफियत, और उसकी कहानियों के लिए पाकिस्तान में चल रहे अश्लीलता के केस के कारण पाकिस्तान रेडियो ने मंटो का बहिष्कार किया था, रेडियो के संचालक व्यक्तिगत रूप से उससे नाराज थे।

पर जब वह दिवंगत हो गया तब उसके नाम पर आधे घंटे का खास कार्यक्रम प्रसारित किया गया। उसके अस्तित्व की अवहेलना कोई नहीं कर सकता था...उसकी मृत्यु के बाद प्रतिभाव देते हुए कृष्णचंदर ने लिखा था "यह वही अंडर हिल रोड है जहाँ ऑल इंडिया रेडियो का पुराना ऑफिस था। यह मेडन होटल का बार है, यह उर्दू बाजार है, यह सब वहीं है। सब जगह उसी तरह काम चल रहा है। ऑल इंडिया रेडियो भी चल रहा है। मेडल होटल का बार और उर्दू बाजार भी चलता है क्योंकि मंटो एक मुफलिस इनसान था। एक गरीब लेखक था। वह कोई नेता नहीं था कि कोई झंडा उसके लिए झुका दिया जए। वह सट्टाखोर या कालाबाजारी करनेवाला नहीं था कि उसके लिए कोई बाजार बंद किया जाए। कोई फिल्म एक्टर नहीं था कि स्कूल-कॉलेज में हड़ताल की जाए। वह एक वेश्याओं का, ताँगेवालों का

लेखक था। ऐसे आदमी के लिए कौन रोएगा ? कौन अपना रोजगार-धंधा बंद करेगा? इसीलिए तो ऑल इंडिया रेडियो चल रहा है। उर्दू बाजार भी खुला है, जिसने उसकी हजारों पुस्तकें बेची हैं और आज भी बेच रहा है। जिसने पूरी जिन्दगी दे दी, उसके लिए हम अपनी एक छुट्टी भी बरबाद नहीं कर सकते हैं। 42 वर्ष की उम्र में मंटो भगवान को प्यारा हो गया।" कृष्णचंदर के साथ एक मित्र भी था, ताँगेवाले ने पूछा, "क्या कह रहे हो ? मंटो मर गया ?" "हाँ, भाई...." जवाब मिला। ताँगा रुक गया। कोचवान ने गाड़ी रोक दी। पीछे का दरवाजा भी खोला और बैठी हुई सवारी से कहा, "आप दूसरा ताँगा ले लें, यह गाड़ी आगे नहीं जाएगी...."

मंटो, सआदत हसन मंटो के अलावा सभी लोगों के लिए भाग्यशाली था। 'किंगडम्स एण्ड अदर स्टोरीज' के नाम से खालिद हसन ने अंग्रेजी में अनुवाद किया था, और यह पुस्तक ग्रेट ब्रिटेन से निकाली गई थी। लेसली ए. फ्लेमिंग ने 'अनदर लोनली वाइस' लिखी परंतु उसने लोगों को ज्यादा प्रभावित नहीं किया। उसके जीवन पर पिछले चालीस सालों में तीन लोगों ने पुस्तक लिखने का प्रयास किया। हमारा प्रयास चौथा है। कृष्णचंदर, मोहम्मद असदुल्लाह और अबू सईद कुरेशी—यह तीनों लिखनेवाले असफल साबित हुए थे। हम चौथे हैं। हमें भी असफल होना मंजूर है। कारण इतना है कि मंटो जितनी सफलता किसी को मिलनी नहीं चाहिए।

सआदत हसन मंटो के जीवन की महत्त्वपूर्ण घटनाएँ—

जन्म : 11 मई, 1912

जन्मस्थल : समराला, जिला लुधियाना, पंजाब

पिता का नाम : गुलाम हसन मंटो

माता का नाम : सरदार बेगम (बीबीजान)

पत्नी : सफिया

संतान : तीन पुत्रियाँ—निकहत, नजहत, नुसरत

शिक्षा : अमृतसर और अलीगढ़

प्रथम कहानी—'तमाशा' जो जलियाँवाला बाग के आतंक से प्रेरित होकर लिखी थी। यह कहानी मंटो के नाम के बगैर अमृतसर के 'खल्क' में छापी

गई थी।

अंतिम कहानी—कबूतर और कबूतरी

प्रथम कहानी-संग्रह—आतिशपारे (1935)

मंटो की पाँच कहानियाँ जिनके ऊपर अश्लीलता के केस लगाए गए थे—काली सलवार, बू, ठंडा गोश्त, धुआँ, और ऊपर-नीचे और दरमियान।

अवसान—18 जनवरी 1955

(मंटो की रचनाओं का एकमात्र प्रामाणिक संकलन 'दस्तावेज' शीर्षक से राजकमल प्रकाशन द्वारा पाँच भागों में प्रकाशित है।)

मंटो की छह चर्चित कहानियाँ

नंगी आवाजें

भोलू और गामा दो भाई थे। बेहद मेहनती। भोलू कलईगर था। सुबह धौंकनी सिर पर रखकर निकलता और दिन-भर शहर की गलियों में, 'भाँडे कलई करा लो' की आवाजें लगाता रहता था। शाम को घर लौटता तो उसकी तहमद की अंटी में तीन-चार रुपए का करियाना जरूर होता।

गामा खोंचा लगाता था। उसको भी दिन-भर छाबड़ी सिर पर उठाए घूमना पड़ता था। तीन-चार रुपए वह भी कमा लेता था, मगर उसे शराब की लत थी। शाम को दीने के भटियारखाने में खाना खाने से पहले एक पाव शराब उसे जरूर चाहिए थी। पीने के बाद वह बहकता। दीने के भटियारखाने में रौनक लग जाती। सबको मालूम था कि वह पीता है और इसी के सहारे जीता है।

भोलू ने गामा को, जो उससे दो साल बड़ा था, बहुत समझाया कि देखो यह शराब की लत बहुत बुरी है; शादीशुदा हो; बेकार पैसा बरबाद करते हो; यही, जो तुम हर रोज एक पाव शराब पर खर्च करते हो, बचाकर रखो तो भाभी ठाठ से रहा करे; नंगी-बुच्ची अच्छी लगती है तुम्हें अपनी घरवाली?…गामा इस कान सुनता, उस कान उड़ा देता। भोलू जब थक-हार गया, तो कहना-सुनना ही छोड़ दिया।

दोनों शरणार्थी थे। एक बड़ी बिल्डिंग के साथ सर्वेंट क्वार्टर थे। इन पर, जहाँ औरों ने कब्जा जमा रखा था, वहाँ इन दोनों भाइयों ने भी एक क्वार्टर को, जो दूसरी मंजिल पर था, अपने रहने के लिए महफूज कर लिया था।

सर्दियाँ आराम से गुजर गईं। गर्मियाँ आईं तो गामा को बहुत तकलीफ हुई। भोलू तो ऊपर कोठे पर खाट बिछाकर सो जाता, पर गामा क्या करता? बीवी थी और ऊपर पर्दे का कोई बंदोबस्त ही न था। एक गामा ही को यह तकलीफ न थी, उन क्वार्टरों में जो भी शादीशुदा था, इसी मुसीबत में फँसा था।

कल्लन को एक बात सूझी। उसने कोठे पर कोने में, अपनी और अपनी बीवी की चारपाई के इर्द-गिर्द, टाट तान दिया। इस तरह पर्दे का इंतजाम हो गया। कल्लन की देखा-देखी दूसरों ने भी इस तरकीब से काम लिया। भोलू ने भाई की मदद की और कुछ ही दिनों में बाँस वगैरह गाड़कर, टाट और कंबल जोड़कर, पर्दे का इंतजाम कर दिया। यों हवा तो रुक जाती थी, पर नीचे क्वार्टर के नर्क से वह जगह हर हालत में बेहतर थी।

ऊपर कोठे पर सोने से भोलू की तबीयत में एक अजीब क्रांति आ गई। वह शादी-ब्याह का बिलकुल कायल नहीं था। उसने दिल में निश्चय कर रखा था कि वह यह जंजाल कभी नहीं पालेगा। जब कभी गामा उसके ब्याह की बात छेड़ता तो वह कहा करता, "न भाई, मैं अपने निरोये पिंडे पर जोंकें नहीं लगवाना चाहता।" लेकिन जब गर्मियाँ आईं और उसने ऊपर खाट बिछाकर सोना शुरू किया तो दस-पंद्रह दिन ही में उसके विचार बदल गए। एक शाम को दीने के भटियारखाने में उसने अपने भाई से कहा, "मेरी शादी कर दो, नहीं तो मैं पागल हो जाऊँगा।"

गामा ने जब यह सुना तो उसने कहा, "यह क्या मजाक सूझा है तुम्हें?"

भोलू बहुत गंभीर हो गया—"तुम्हें मालूम नहीं···पंद्रह रातें हो गई हैं मुझे जागते हुए।"

गामा ने पूछा, "क्यों, क्या हुआ?"

"कुछ नहीं यार···दाएँ-बाएँ जिधर नजर डालो, कुछ-न-कुछ हो रहा होता है···अजीब-अजीब आवाजें आती हैं। नींद क्या आएगी, खाक!"

गामा जोर से अपनी घनी मूँछों में हँसा।

भोलू शरमा गया। फिर बोला, "वह जो कल्लन है, उसने तो हद ही कर दी है···साला रात-भर बकवास करता रहता है···उसकी बीवी साली की जबान भी तालू से नहीं लगती···बच्चे पड़े रो रहे हैं, मगर वह····"

गामा हमेशा की तरह नशे में था। भोलू चला गया तो उसने दीने के भटियारखाने में अपने सब यार-दोस्तों को खूब चहक-चहककर बताया कि उसके भाई को आजकल नींद नहीं आती। इसकी वजह जब उसने अपने अंदाज में बयान की तो सुननेवालों के पेट में हँसते-हँसते बल पड़ गए। जब वे लोग भोलू से मिले तो उन्होंने उसका खूब मजाक उड़ाया। कोई उससे पूछता–"हाँ भाई, कल्लन अपनी बाँकी से क्या बातें करता है?" कोई कहता–"मियाँ, मुफ्त में मजे लेते हो... सारी रात फिल्में देखते रहते हो... सौ फीसदी बोलती-गाती।"....कुछ ने उससे गंदे-गंदे मजाक किए। भोलू चिढ़ गया।

दूसरे दिन उसने गामा को उस वक्त पकड़ा, जब गामा नशे में नहीं था तो उसने उससे कहा, "तुमने तो यार, मेरा मजाक बना दिया है।...देखो, जो कुछ मैंने तुमसे कहा है, झूठ नहीं है। मैं इनसान हूँ। खुदा की कसम, मुझे नींद नहीं आती। आज बीस दिन हो गए हैं मुझे जागते हुए... तुम मेरी शादी का बंदोबस्त कर दो, वरना कसम पंजतन पाक की, मेरा खानाखराब हो जाएगा। भाभी के पास मेरा पाँच सौ रुपया जमा है... जल्दी कर बंदोबस्त।"

गामा ने मूँछ मोड़कर पहले कुछ सोचा, फिर कहा, "अच्छा, हो जाएगा बंदोबस्त। तुम्हारी भाभी से आज ही बात करता हूँ कि वह अपनी मिलने वालियों से पूछगछ करे।

डेढ़ महीने के अंदर-अंदर बात पक्की हो गई। समद कलईगर की लड़की आयशा गामा की बीवी को बहुत पसंद आई। खूबसूरत थी, घर का काम-काज जानती थी। वैसे समद भी शरीफ था। मुहल्लेवाले उसकी इज्जत करते थे। भोलू मेहनती था, तंदुरुस्त था। जून के मध्य में ही शादी की तारीख निश्चित हो गई। समद ने बहुत कहा कि वह इतनी गर्मियों में लड़की नहीं ब्याहेगा, पर गामा ने जब बहुत जोर दिया, तब वह मान गया।

शादी से चार दिन पहले भोलू ने अपनी दुल्हन के लिए ऊपर कोठे पर टाट के पर्दे का बंदोबस्त किया। बाँस बड़ी मजबूती से फर्श पर गाड़ा। टाट खूब कसकर लगाया। चारपाइयों पर नए खेस बिछाए। नई सुराही मुँडेर पर रखी। शीशे का गिलास बाजार से खरीदा। सब काम उसने बड़े शौक से किए।

रात को जब वह टाट के पर्दे में घिरकर सोया तो उसको अजीब-सा

लगा। वह खुली हवा में सोने का आदी था, मगर अब उसको आदत डालनी थी। यही वजह थी कि शादी से चार दिन पहले ही उसने यों सोना शुरू कर दिया। पहली रात जब वह लेटा और उसने अपनी बीवी के बारे में सोचा तो वह पसीने में तर-ब-तर हो गया। उसके कानों में वे आवाजें गूँजने लगीं, जो उसे सोने नहीं देती थीं और उसके दिमाग में तरह-तरह के परेशान खयाल दौड़ाती थीं।

"क्या हम भी ऐसी आवाज पैदा करेंगे···क्या आस-पास के लोग हमारी आवाजें भी सुनेंगे···क्या वे भी इसी तरह रातें जाग-जागकर काटेंगे? किसी ने अगर झाँककर देख लिया तो क्या होगा?"

भोलू पहले से भी ज्यादा परेशान हो गया। हर वक्त उसको यही बात सताती रहती कि टाट का पर्दा भी कोई पर्दा है। फिर चारों तरफ लोग बिखरे पड़े हैं। रात की खामोशी में हलकी-सी सरगर्मी भी दूसरे कानों तक पहुँच जाती है। लोग कैसे यह नंगी जिंदगी बसर करते हैं?···एक कोठा है, इस चारपाई पर बीवी लेटी है, उस चारपाई पर शौहर पड़ा है। सैकड़ों आँखें, सैकड़ों कान आस-पास खुले हैं। नजर न आने पर भी आदमी सब कुछ देख लेता है। हलकी-सी आहट पूरी तसवीर बनकर सामने आ जाती है···यह टाट का पर्दा क्या है ? सूरज निकलता है तो उसकी रोशनी सारा कुछ बेनकाब कर देती है। वह सामने कल्लन अपनी बीवी की छातियाँ दबा रहा है। वह कोने में उसका भाई गामा लेटा है। तहमद खुलकर एक ओर पड़ा है। इधर ईदू हलवाई की कुँवारी बेटी शादाँ का पेट छिदरे टाट से झाँक-झाँककर देख रहा है।

शादी का दिन आया तो भोलू का जी चाहा, वह कहीं भाग जाए, पर कहाँ जाता ? अब तो वह जकड़ा जा चुका था। गायब हो जाता तो समद जरूर खुदकुशी कर लेता। उसकी लड़की पर जाने क्या बीतती! जो तूफान मचता, वह अलग।

"अच्छा, जो होता है, होने दो—मेरे साथी और भी तो हैं। धीरे-धीरे आदत हो जाएगी मुझे भी।" भोलू ने अपने आपको ढाढ़स दिया और अपनी नई-नवेली दुल्हन की डोली घर ले आया।

क्वार्टरों में चहल-पहल पैदा हो गई। लोगों ने भोलू और गामा को

खूब बधाइयाँ दीं। भोलू के जो खास दोस्त थे, उन्होंने उसको छेड़ा और पहली रात के लिए कई सफल गुर बताए। भोलू चुपचाप सुनता रहा। उसकी भाभी ने ऊपर कोठे पर टाट के पर्दे के नीचे बिस्तर का बंदोबस्त कर दिया। गामा ने मोतिए के चार बड़े-बड़े हार तकिए के पास रख दिए। एक दोस्त उसके लिए जलेबियोंवाला दूध ले आया।

देर तक वह नीचे क्वार्टर में अपनी दुल्हन के पास बैठा रहा। वह बेचारी शर्म के मारे, सिर निहुड़ाए, घूँघट काढ़े सिमटी हुई थी। सख्त गर्मी थी। भोलू का नया कुर्ता उसके जिस्म के साथ पसीने से चिपका हुआ था। वह पंखा झल रहा था, पर हवा जैसे बिलकुल गायब हो गई थी। भोलू ने पहले सोचा था कि ऊपर कोठे पर नहीं जाएगा, नीचे क्वार्टर ही में रात काटेगा, पर जब गर्मी इंतहा को पहुँच गई, तब वह उठा और उसने दुल्हन से चलने को कहा।

रात आधी से ज्यादा गुजर चुकी थी। सारे क्वार्टर खामोशी में लिपटे हुए थे। भोलू को इस बात का संतोष था कि सब लोग सो रहे होंगे। कोई उसको नहीं देखेगा। चुपचाप दबे पाँव, वह अपने टाट के पर्दे के पीछे अपनी दुल्हन समेत घुस जाएगा और सुबह मुँह-अँधेरे ही नीचे उतर आएगा।

जब वह कोठे पर पहुँचा तो बिलकुल खामोशी थी। दुल्हन ने शरमाए हुए कदम उठाए तो पायल के रुपहले घुँघरू बजने लगे। एकदम भोलू ने महसूस किया कि चारों तरफ जो नींद बिखरी हुई थी, वह चौंककर जाग पड़ी है। चारपाइयों पर लोग करवट बदलने लगे। खाँसने-खँखारने की आवाजें इधर-उधर उभरने लगीं। दबी-दबी सरगोशियाँ उस तपी हुई फिजा में तैरने लगीं। भोलू ने घबराकर अपनी बीवी का हाथ पकड़ा और तेजी से टाट की ओट में चला गया। दबी-दबी हँसी की आवाज उसके कानों के साथ टकराई। उसकी घबराहट बढ़ गई। बीवी से बात की, तो पास ही खुसर-फुसर शुरू हो गई। दूर कोने में जहाँ कल्लन की जगह थी, चारपाई की 'चुर्र-चूँ, चुर्र-चूँ' होने लगी। वह धीमी पड़ी, तो गामा की लोहे की चारपाई बोलने लगी।

ईदू हलवाई की कुँवारी लड़की शादाँ ने दो-तीन बार उठकर पानी पिया। घड़े के साथ उसका गिलास टकराता तो एक छनाका-सा पैदा होता। खैरे कसाई के लड़के की चारपाई से बार-बार माचिस जलाने की आवाज आती

थी। भोलू अपनी दुल्हन से कोई बात न कर सका। उसे डर था कि आस-पास के खुले हुए कान फौरन उसकी बात निगल जाएँगे और सारी चारपाइयाँ 'चूर्र-चूँ, चुर्र-चूँ' करने लगेंगी। दम साधे वह चुपचाप लेटा रहा। कभी-कभी सहमी हुई निगाह से अपनी बीवी की तरफ देख लेता, जो गठरी-सी बनी दूसरी चारपाई पर लेटी थी। कुछ देर वह जागती रही, फिर सो गई।

भोलू ने चाहा कि वह भी सो जाए, मगर उसे नींद न आई। थोड़ी-थोड़ी देर के बाद उसके कानों में आवाजें आती थीं···आवाजें जो फौरन तसवीरें बनकर उसकी आँखों के सामने से गुजर जाती थीं।

उसके मन में बड़ी उमंगें थीं, बड़ा जोश था। जब उसने शादी का इरादा किया था तो वे सारी लज़्ज़तें, जिनसे वह अपरिचित था, उसके दिल-दिमाग में चक्कर लगाती रहती थीं। उसे एक गर्मी महसूस होती थी—बड़ी सुखद गर्मी। मगर अब जैसे 'पहली रात' से उसे कोई दिलचस्पी ही न हो। उसने रात में कई बार यह दिलचस्पी पैदा करने की कोशिश की, लेकिन आवाजें—वे तसवीरें खींचनेवाली आवाजें—सबकुछ अस्त-व्यस्त कर देतीं। वह अपने-आपको नंगा महसूस करता, बिलकुल नंगा, जिसको चारों ओर से लोग आँखें फाड़-फाड़कर देख रहे हों और हँस रहे हों।

सुबह चार बजे के करीब वह उठा। बाहर निकलकर उसने ठंडे पानी का गिलास पिया। कुछ सोचा। वह झिझक, जो उसके मन में बैठ गई थी, उसको किसी हद तक दूर किया। अब ठंडी हवा चल रही थी, जो काफी तेज थी···भोलू की निगाहें कोने की तरफ घूमीं। कल्लन का घिसा हुआ टाट हिल रहा था। वह अपनी बीवी के पास बिलकुल नंग-धड़ंग लेटा था। भोलू को बड़ी घिन लगी, साथ ही गुस्सा भी आया कि हवा ऐसे कोठों पर क्यों चलती है ? चलती है, तो टाटों को क्यों छेड़ती है? उसके जी में आया कि कोठे पर जितने टाट हैं, सब नीचे डाले और नंगा होकर नाचने लगे।

भोलू नीचे उतर गया। जब काम पर निकला तो कई दोस्त मिले। सबने उससे पहली रात का हाल पूछा। फूजे दर्जी ने उसको दूर ही से आवाज दी—"क्यों उस्ताद भोलू, कैसे रहे ? कहीं हमारे नाम पर बट्टा तो नहीं लगा दिया तुमने ?"

आगे टीनसाज ने उससे बड़े भेद-भरे स्वर में कहा—"देखो, अगर कुछ

गड़बड़ है तो बता दो, एक बड़ा अच्छा नुस्खा मेरे पास मौजूद है।"

बाले ने उसके कंधे पर जोर का हाथ मारा, "कहो पहलवान, कैसा रहा दंगल ?" भोलू चुप रहा।

सुबह उसकी बीवी मायके चली गई। पाँच-छह दिन के बाद वापस आई तो भोलू को फिर उसी मुसीबत का सामना करना पड़ा। कोठे पर सोने वाले जैसे उसकी बीवी के आने का इंतजार कर रहे थे। कुछ रातें खामोश रही थीं, लेकिन जब वे ऊपर सोए तो फिर वही खुसर-खुसर वही चर्र-चूँ, चर्र-चूँ, वही खाँसना-खँखारना, वही घड़े के साथ गिलास के टकराने के छनाके, करवटों पर करवटें, दबी-दबी हँसी।····भोलू सारी रात अपनी चारपाई पर लेटा आसमान की ओर देखता रहा। कभी-कभी एक ठंडी आह भरकर अपनी दुल्हन को देख लेता और दिल में कुढ़ता—"मुझे क्या हो गया है ?···मुझे क्या हो गया है ?····यह मुझे क्या हो गया है ?"

सात रातों तक यही होता रहा। आखिर तंग आकर भोलू ने अपनी दुल्हन को मायके भेज दिया। बीस-पच्चीस दिन बीत गए तो गामा ने भोलू से कहा, "यार, तुम बड़े अजीब आदमी हो। नई-नई शादी और बीवी को मायके भेज दिया ! इतने दिन हो गए उसे गए हुए, तुम अकेले सोते कैसे हो ?"

भोलू ने सिर्फ इतना कहा, "ठीक है।"

गामा ने पूछा, "ठीक क्या है ? जो बात है, बताओ। क्या तुम्हें पसंद नहीं आई आयशा ?"

"यह बात नहीं है।"

"यह बात नहीं है तो और क्या बात है ?"

भोलू बात गोल कर गया। मगर थोड़े ही दिनों बाद उसके भाई ने फिर बात छेड़ी। भोलू उठकर क्वार्टर के बाहर चला गया। बाहर एक चारपाई पड़ी थी। उस पर बैठ गया। भीतर से उसकी अपनी भाभी की आवाज सुनाई दी। वह गामा से कह रही थी, "तुम जो कहते हो ना कि भोलू को आयशा पसंद नहीं आई, यह गलत है।"

गामा की आवाज आई, "तो और क्या बात है ? भोलू को उससे कोई दिलचस्पी ही नहीं।"

"दिलचस्पी क्या हो ?"

"क्यों ?"

गामा की बीवी ने इसका जो जवाब दिया, भोलू न सुन सका; लेकिन इसके बावजूद उसको ऐसा लगा, मानो उसकी सारी हस्ती किसी ने ओखली में डालकर कूट दी हो। गामा एकदम ऊँची आवाज से बोला, "नहीं, नहीं ! यह तुमसे किसने कहा ?"

गामा की बीवी बोली, "आयशा ने अपनी किसी सहेली से जिक्र किया ...बात उड़ते-उड़ते मुझ तक पहुँच गई।"

बड़े आघातपूर्ण स्वर में गामा ने कहा, "यह तो बहुत बुरा हुआ।"

भोलू के दिल में बात छुरी-सी उतर गई। उसका दिमागी संतुलन बिगड़ गया। वह उठा और कोठे पर चढ़कर, जितने टाट लगे थे, उन्हें उसने उखेड़ना शुरू कर दिया। "खट-खट, फट-फट," सुनकर लोग जमा हो गए। उन्होंने उसको रोकने की कोशिश की तो वह लड़ने लगा। बात बढ़ गई। कल्लन ने बाँस उठाकर उसके सिर पर दे मारा। भोलू चकराकर गिरा और बेहोश हो गया। जब उसे होश आया, तो उसका दिमाग चल चुका था।

अब वह बिलकुल नंग-धड़ंग बाजारों में घूमता-फिरता है। कहीं टाट लटका देखता है तो उसको उतारकर टुकड़े-टुकड़े कर देता है।

टोबा टेकसिंह

बँटवारे के दो-तीन साल बाद पाकिस्तान और हिंदुस्तान की सरकारों को खयाल आया कि साधारण कैदियों की तरह पागलों का भी तबादला होना चाहिए। यानी जो मुसलमान पागल हिंदुस्तान के पागलखानों में हैं, उन्हें पाकिस्तान पहुँचा दिया जाए और जो हिंदू पाकिस्तान के पागलखानों में हैं, उन्हें हिंदुस्तान के हवाले कर दिया जाए।

मालूम नहीं यह बात ठीक थी या नहीं। बहरहाल बुद्धिमानों के फैसले के अनुसार इधर-उधर ऊँचे स्तर की कान्फ्रेंस हुई और आखिर एक दिन पागलों के तबादले के लिए नियत हो गया। अच्छी तरह छानबीन की गई। वे मुसलमान पागल, जिनके अभिभावक हिंदुस्तान में थे, वहीं रहने दिए गए थे। और जो बाकी थे, उन्हें सीमा पर रवाना कर दिया गया था। यहाँ पाकिस्तान से, क्योंकि करीब-करीब सब हिंदू-सिख जा चुके थे, इसलिए किसी को रखने-रखाने का सवाल ही न पैदा हुआ। जितने हिंदू-सिख पागल थे, सबके सब पुलिस के संरक्षण में सीमा पर पहुँचा दिए गए। उधर की मालूम नहीं, लेकिन इधर लाहौर के पागलखाने में जब इस तबादले की खबर पहुँची तो बड़ी दिलचस्प और कौतुकपूर्ण बातें होने लगीं। एक मुसलमान पागल, जो बारह बरस से रोजाना बाकायदगी के साथ नमाज पढ़ता था, उससे जब उसके दोस्त ने पूछा—मौलवी साहब, यह पाकिस्तान क्या होता है ? तो उसने बड़ा सोच-विचारकर जवाब दिया—"हिंदुस्तान में एक जगह है, जहाँ उस्तरे बनते हैं।"

यह जवाब सुनकर उसका मित्र संतुष्ट हो गया।

इसी तरह एक सिख पागल ने एक दूसरे सिख पागल से पूछा—

"सरदार जी, हमें हिंदुस्तान क्यों भेजा जा रहा है ? हमें तो वहाँ की बोली भी नहीं आती।"

दूसरा मुसकरा दिया—"मुझे तो हिंदुस्तान की बोली आती है—हिंदुस्तानी बड़े शैतानी आकड़-आकड़ फिरते हैं—।"

एक मुसलमान पागल ने नहाते-नहाते 'पाकिस्तान जिंदाबाद' का नारा इस जोर से बुलंद किया कि फर्श पर फिसलकर गिरा और अचेत हो गया। कुछ पागल ऐसे भी थे, जो पागल नहीं थे। इनमें अधिकतर ऐसे कातिल थे, जिनके रिश्तेदारों ने अफसरों को दे-दिलाकर पागलखाने भिजवा दिया था कि वे फाँसी के फंदे से बच जाएँ।

ये कुछ-कुछ समझते थे कि हिंदुस्तान का क्यों विभाजन हुआ है और यह पाकिस्तान क्या है, लेकिन सभी घटनाओं से ये भी बेखबर थे। अखबारों से कुछ पता नहीं चलता था और पहरेदार सिपाही अनपढ़ जाहिल थे। उनकी बातचीत से भी वे कोई नतीजा नहीं निकाल सकते थे। उनको सिर्फ इतना मालूम था कि एक आदमी मुहम्मद अली जिन्ना है, जिसको कायदे-आजम कहते हैं। उसने मुसलमानों के लिए एक अलग मुल्क बनाया है, जिसका नाम पाकिस्तान है। यह कहाँ है ? इसकी स्थिति क्या है ? इसके विषय में वे कुछ नहीं जानते थे। यही कारण है कि पागलखाने में वे सब पागल, जिनका दिमाग पूरी तरह से खराब नहीं था, इस ऊहापोह में थे कि वे पाकिस्तान में हैं या हिंदुस्तान में। अगर हिंदुस्तान में हैं तो पाकिस्तान कहाँ है और अगर वे पाकिस्तान में हैं तो यह कैसे हो सकता है कि वे कुछ अर्सा पहले यहाँ रहते हुए भी हिंदुस्तान में थे। एक पागल तो पाकिस्तान और हिंदुस्तान और हिंदुस्तान और पाकिस्तान के चक्कर में ऐसा पड़ा कि और ज्यादा पागल हो गया। झाड़ू देते-देते एक दिन दरख्त पर चढ़ गया और एक टहनी पर बैठकर दो घंटे लगातार भाषण देता रहा, जो पाकिस्तान और हिंदुस्तान के नाजुक मामले पर था। सिपाहियों ने उसे नीचे उतरने के लिए कहा तो वह और ऊपर चढ़ गया। डराया-धमकाया गया तो उसने कहा—"मैं न हिंदुस्तान में रहना चाहता हूँ न पाकिस्तान में, मैं इस पेड़ पर ही रहूँगा।"

बड़ी मुश्किल के बाद जब उसका दौरा ठंडा पड़ गया, तो वह नीचे उतरा और अपने हिंदू-सिख दोस्तों से गले मिल-मिलकर रोने लगा। इस खयाल

से उसका दिल भर आया कि वे उसे छोड़कर हिंदुस्तान चले जाएँगे।

एक एम. एससी. पास रेडियो इंजीनियर, जो मुसलमान था और दूसरे पागलों से बिलकुल अलग-थलग बाग की एक खास रौश पर सारा दिन खामोश टहलता रहता था, में यह तब्दीली प्रकट हुई कि उसने अपने तमाम कपड़े उतारकर दफेदार के हवाले कर दिए और नंग-धड़ंग सारे बाग में चलना शुरू कर दिया।

चनयूट एक मोटे मुसलमान पागल ने, जो मुस्लिम लीग का एक सक्रिय कार्यकर्ता रह चुका था और दिन में पंद्रह-सोलह बार नहाया करता, एकदम नई आदत छेड़ दी। उसका नाम मुहम्मद अली जिन्ना है। उसकी देखा-देखी एक सिख पागल मास्टर तारासिंह बन गया। करीब था कि उस जंगल में खूनखराबा हो जाए, मगर दोनों को खतरनाक पागल करार देकर अलग बंद कर दिया गया।

लाहौर का एक नौजवान हिंदू वकील था, जो मुहब्बत में पड़कर पागल हो गया था। जब उसने सुना कि अमृतसर हिंदुस्तान में चला गया है तो उसे बहुत दुख हुआ। उसी शहर की एक हिंदू लड़की से उसे प्रेम हो गया था। यद्यपि उसने उस वकील को ठुकरा दिया था, मगर दीवानगी की हालत में भी वह उसको भूला नहीं था। चुनाँचे वह उन तमाम मुस्लिम लीडरों को गालियाँ देता था, जिन्होंने मिल-मिलाकर हिंदुस्तान के दो टुकड़े कर दिए। उसकी प्रेमिका हिंदुस्तानी बन गई थी और वह पाकिस्तानी।

जब तबादले की बात शुरू हुई तो वकील को पागलों ने समझाया। वह दिल छोटा न करे, उसको हिंदुस्तान भेज दिया जाएगा—उस हिंदुस्तान में, जहाँ उसकी प्रेमिका रहती है, मगर वह लाहौर छोड़ना नहीं चाहता था, इस खयाल से कि अमृतसर में उसकी प्रैक्टिस नहीं चलेगी। यूरोपियन वार्ड में दो ऐंग्लो-इंडियन पागल थे। उनको जब मालूम हुआ कि हिंदुस्तान को आजाद करके अंग्रेज चले गए हैं तो उनको बड़ा दुख हुआ। वे छिप-छिपकर घंटों इस समस्या पर बातचीत करते रहते कि पागलखाने में उनकी हैसियत किस तरह की होगी—यूरोपियन वार्ड रहेगा या जाएगा। ब्रेकफास्ट मिला करेगा या नहीं। क्या उन्हें डबल रोटी के बजाए ब्लडी इंडियन चपाती तो जहर मार नहीं करनी पड़ेगी ?

एक सिख था, जिसको पागलखाने में दाखिल हुए पंद्रह वर्ष हो चुके थे। हर समय उसकी जबान से अजीब-गरीब शब्द सुनने में आते थे, ''ओपड़ दी गड़गड़ दी एनेक्स दी बेध्याना दी मुंग दी दाल आफ दी लालटेन।' अलबत्ता कभी-कभी दीवार के साथ टेक लगा लेता था तो भी हर समय खड़े रहने से उसके पाँव सूज गए थे। पिंडलियाँ भी फैल गई थीं, मगर इस शारीरिक तकलीफ के बावजूद लेटकर आराम नहीं करता था। हिंदुस्तान-पाकिस्तान और पागलों के तबादले के विषय में जब कभी पागलों में चर्चा होती थी तो वह ध्यान से सुनता था। कोई उससे पूछता कि उसका क्या खयाल है तो वह बड़ी गंभीरता से जवाब देता ''ओपड़ दी गड़गड़ दी एनेक्स दी बेध्याना दी मूँग दी दाल आफ दी पाकिस्तान गवर्नमेंट।''

लेकिन बाद में ''आफ दी पाकिस्तान गवर्नमेंट'' की जगह ''आफ दी टोबा टेकसिंह'' ने ले ली और उसने दूसरे पागलों से पूछना शुरू किया कि टोबा टेक सिंह कहाँ है, कहाँ का रहनेवाला है ? लेकिन किसी को भी मालूम नहीं था कि वह पाकिस्तान में है या हिंदुस्तान में। जो बताने की कोशिश करते थे, खुद इस उलझन में फँस जाते थे कि स्यालकोट पहले हिंदुस्तान में होता था, पर अब सुना है पाकिस्तान में है। क्या पता कि लाहौर जो अब पाकिस्तान में है, कल हिंदुस्तान में चला जाएगा या सारा हिंदुस्तान ही पाकिस्तान बन जाए और यह भी कौन सीने पर हाथ रखकर कह सकता था कि हिंदुस्तान और पाकिस्तान दोनों किसी दिन सिरे से गायब न हो जाएँगे।

उस सिख पागल के केश छिदरे होकर बहुत थोड़े ही रह गए थे। चूँकि वह बहुत कम नहाता था, दाढ़ी और बाल आपस में जम गए थे, जिसके कारण उसकी शक्ल बड़ी भयानक हो गई थी। लेकिन वह आदमी किसी का नुकसान नहीं करता था। पंद्रह वर्षों में उसने किसी से झगड़ा-फसाद नहीं किया था। पागलखाने के जो पुराने नौकर थे, वे उसके बारे में इतना जानते थे कि टोबा टेकसिंह में उसकी कई जमीनें थीं। अच्छा खाता-पीता जमींदार था कि अचानक ही दिमाग उलट गया। उसके रिश्तेदार लोहे की मोटी-मोटी जंजीरों में उसे बाँधकर लाए और पागलखाने में दाखिल करा गए।

महीने में एक बार मुलाकात के लिए ये लोग आते थे और उसकी राजी-खुशी मालूम करके चले जाते थे। एक मुद्दत तक यह क्रम चलता रहा

लेकिन जब पाकिस्तान-हिंदुस्तान की गड़बड़ शुरू हो गई तो उनका आना बंद हो गया।

उसका नाम बिशनसिंह था, मगर सब उसे टोबा टेकसिंह कहते थे। उसे बिलकुल यह मालूम न था कि दिन कौन-सा है, महीना कौन-सा है या कितने साल बीत चुके हैं ? लेकिन हर महीने जब उसके स्वजन और संबंधी उससे मिलने आते तो उसे अपने आप पता चल जाता था। चुनाँचे वह एक दफेदार से कहता कि उसकी मुलाकात आ रही है। उस दिन वह अच्छी तरह नहाता, बदन पर खूब साबुन घिसता और सिर में तेल लगाकर कंघी करता। अपने कपड़े, जो वह कभी इस्तेमाल नहीं करता था, निकलवाकर पहनता और यूँ सज-बनकर मिलनेवालों के पास जाता। वे उससे कुछ पूछते तो वह चुप रहता था या कभी-कभी ''ओपड़ दी एनेक्स दी बेध्याना दी मुंग दी दाल आफ दी लालटेन'' कह देता।

उसकी एक लड़की थी जो हर महीने में एक अंगुल बढ़ती-बढ़ती पंद्रह वर्ष में जवान हो गई थी। बिशनसिंह उसे पहचानता ही न था। जब वह बच्ची थी, तब भी अपने बाप को देखकर रोती थी। जवान हुई तब भी उसकी आँखों में आँसू बहते थे।

पाकिस्तान और हिंदुस्तान का किस्सा शुरू हुआ तो उसने दूसरे पागलों से पूछना शुरू किया कि टोबा टेकसिंह कहाँ है? जब संतोषजनक उत्तर न मिला तो उसकी कुरेद दिन-ब-दिन बढ़ती गई। अब मुलाकात भी नहीं आती है। पहले तो उसे अपने आप पता चल जाता था कि मिलनेवाले आ रहे हैं, पर अब जैसे उसके दिल की आवाज भी बंद हो गई थी, जो उसे उनके आने की खबर दिया करती थी।

उसकी बड़ी इच्छा थी कि वे लोग आएँ, जो उससे सहानुभूति प्रकट करते थे और उसके लिए फल, मिठाइयाँ और कपड़े लाते थे। वह यदि उनसे पूछता कि टोबा टेकसिंह कहाँ है तो वे निश्चित बता देते कि पाकिस्तान में है या हिंदुस्तान में है, क्योंकि उसका विचार था कि वे टोबा टेकसिंह ही से आते हैं, जहाँ उसकी जमीन है।

पागलखाने में एक पागल ऐसा भी था जो अपने को खुदा कहता था। उससे जब एक दिन बिशनसिंह ने पूछा कि टोबा टेकसिंह पाकिस्तान में है

या हिंदुस्तान में, तो उसने अपनी आदत के मुताबिक कहकहा लगाया और कहा—"वह न पाकिस्तान में है और न हिंदुस्तान में, इसलिए कि हमने अभी तक हुक्म नहीं दिया।"

बिशनसिंह ने खुदा से कई बार मिन्नत-खुशामद से कहा कि वह उसे हुक्म दे दे ताकि झंझट खत्म हो, मगर वह बहुत व्यस्त था, क्योंकि उसे और भी अनगिनत हुक्म देने थे। एक दिन तंग आकर वह उस पर बरस पड़ा, "ओपड़ दी गड़गड़ दी एनेक्स दी मुंग दी दाल आफ वाहे गुरुजी खालसा, एंड वाहे गुरुजी दी फतह—जो बोले सो निहाल—सत्त श्री अकाल।"

उसका शायद यह मतलब था कि तुम मुसलमानों के खुदा हो—सिखों के खुदा होते तो जरूर मेरी सुनते।

तबादले के कुछ दिन पहले टोबा टेकसिंह का एक मुसलमान, जो उसका दोस्त था, मुलाकात के लिए आया। पहले वह कभी नहीं आया था। जब बिशनसिंह ने उसे देखा तो एक तरफ हटा और वापस जाने लगा। मगर सिपाहियों ने उसे रोका, "यह तुमसे मिलने आया है—तुम्हारा दोस्त फजलुद्दीन है।"

बिशनसिंह ने फजलुद्दीन को एक नजर देखा और कुछ बड़बड़ाने लगा। फजलुद्दीन ने आगे बढ़कर उसके कंधे पर हाथ रखा—"मैं बहुत दिनों से सोच रहा था कि तुमसे मिलूँ, लेकिन फुर्सत ही न मिली—तुम्हारे सब आदमी राजी-खुशी हिंदुस्तान चले गए थे। मुझसे जितनी मदद हो सकी, मैंने की—तुम्हारी बेटी रूपकौर.... ।"

वह कुछ कहते-कहते रुक गया। बिशनसिंह कुछ याद करने लगा—"बेटी रूपकौर ?"

फजलुद्दीन ने कुछ रुककर कहा—"हाँ...वह...भी ठीक-ठाक है।...उनके साथ ही चली गई थी।"

बिशनसिंह चुप रहा। फजलुद्दीन ने कहना शुरू किया—"उन्होंने मुझसे कहा था कि तुम्हारी राजी-खुशी पूछता रहूँ। अब मैंने सुना है कि तुम हिंदुस्तान जा रहे हो—भाई बलबीरसिंह और भाई बधवासिंह से मेरा सलाम कहना—और बहन अमृतकौर से भी। भाई बलबीरसिंह से कहना—फजलुद्दीन राजी-खुशी है। दो भूरी भैंसें, जो वे छोड़ गए थे, उनमें एक ने कट्टा दिया है, दूसरे के

कट्टी हुई थी, पर वह छह दिन की होकर मर गई····और····और मेरे लायक जो खिदमत हो, कहना। हर वक्त तैयार हूँ····और यह तुम्हारे लिए थोड़े से भरूंडे लाया हूँ।"

बिशनसिंह ने भरूंडों की पोटली लेकर पास खड़े सिपाही के हवाले कर दी और फजलुद्दीन से पूछा—"टोबा टेकसिंह कहाँ ?"

"टोबा टेकसिंह !" उसने तनिक आश्चर्य से कहा—"कहाँ है ? वहीं है जहाँ था।"

बिशनसिंह ने पूछा—"पाकिस्तान में या हिंदुस्तान में ?"

"हिंदुस्तान में—नहीं-नहीं, पाकिस्तान में।" फजलुद्दीन बौखला-सा गया।

बिशनसिंह बड़बड़ाता हुआ चला गया—"ओपड़ दी गड़गड़ दी एनेक्स दी बेध्याना दी मुंग दी दाल ऑफ दी पाकिस्तान एंड हिंदुस्तान ऑफ दी दुर फिट्टे मुँह।" तबादले की तैयारियाँ पूरी हो चुकी थीं। इधर से उधर और उधर से इधर आनेवाले पागलों की सूचियाँ पहुँच गई थीं और तबादले की तारीख भी निश्चित हो चुकी थी। सख्त सर्दियाँ थीं। लाहौर के पागलखाने से हिंदू-सिख पागलों से भरी लारियाँ पुलिस के दस्ते के साथ रवाना हुईं। संबंधित अफसर भी उनके साथ थे। वाघा के बार्डर पर दोनों ओर के सुपरिंटेंडेंट एक-दूसरे से मिले और प्रारंभिक कार्यवाही खत्म होने के बाद तबादला शुरू हो गया, जो रात-भर जारी रहा।

पागलों को लारियों से निकालना और उनको दूसरे अफसरों के हवाले करना बड़ा कठिन काम था। कुछ तो बाहर निकलते ही नहीं थे, जो निकलने को तैयार होते, उनको सँभालना होता, क्योंकि इधर-उधर भाग उठते थे। जो नंगे थे, उनको कपड़े पहनाए जाते थे तो वे फाड़कर अपने शरीर से अलग कर देते। कोई गालियाँ बक रहा है। कान पड़ी आवाज सुनाई नहीं देती थी। पागल स्त्रियों का शोरगुल अलग था। और सर्दी इतने कड़ाके की थी कि दाँत से दाँत बज रहे थे।

अधिकतर पागल इस तबादले को नहीं चाहते थे। इसलिए कि उनकी समझ में नहीं आता था कि उन्हें अपनी जगह से उखाड़कर कहाँ फेंका जा रहा है ? थोड़े से वे जो सोच-समझ सकते थे, "पाकिस्तान जिंदाबाद" के नारे लगा रहे थे। दो-तीन बार झगड़ा होते-होते बचा क्योंकि कुछ हिंदुओं

और सिखों को ये नारे सुनकर तैश आ गया था।

जब बिशनसिंह की बारी आई और जब उसको दूसरी ओर भेजने के संबंध में अधिकारी लिखत-पढ़त करने लगे तो उसने पूछा—"टोबा टेकसिंह कहाँ ? पाकिस्तान में या हिंदुस्तान में ?"

संबंधित अधिकारी हँसा, बोला—"पाकिस्तान में।"

यह सुनकर बिशनसिंह उछलकर एक तरफ हटा और दौड़कर अपने शेष साथियों के पास पहुँच गया। पाकिस्तानी सिपाहियों ने उसे पकड़ लिया और दूसरी तरफ ले जाने लगे, किंतु उसने चलने से इनकार कर दिया—"टोबा टेकसिंह कहाँ है ?" और जोर-जोर से चिल्लाने लगा, "ओपड़ दी गड़गड़ दी एनेक्सी दी बेध्याना दी मुंग दी दाल ऑफ टोबा टेकसिंह एंड पाकिस्तान।"

उसे बहुत समझाया गया, "देखो, टोबा टेकसिंह अब हिंदुस्तान में चला गया है—यदि नहीं गया है तो उसे तुरंत ही भेज दिया जाएगा।" किंतु वह न माना। जब जबरदस्ती दूसरी ओर उसे ले जाने की कोशिशें की गईं तो वह बीच में एक स्थान पर इस प्रकार अपनी सूजी हुई टाँगों पर खड़ा हो गया, जैसे अब कोई ताकत उसे वहाँ से नहीं हटा सकेगी। क्योंकि आदमी बेजरर था, इसलिए उसके साथ जबरदस्ती नहीं की गई, उसको वहीं खड़ा रहने दिया गया और शेष काम होता रहा।

सूरज निकलने से पहले स्तब्ध खड़े हुए बिशनसिंह के गले से एक गगनभेदी चीख निकली। इधर-उधर से कई अफसर दौड़े आए और देखा कि वह आदमी, जो पंद्रह वर्ष तक दिन-रात अपनी टाँगों पर खड़ा रहा था, औंधे मुँह लेटा था। इधर काँटेदार तारों के पीछे हिंदुस्तान था—उधर वैसे ही काँटेदार तारों के पीछे पाकिस्तान। बीच में जमीन के उस टुकड़े पर जिसका कोई नाम नहीं था टोबा टेकसिंह पड़ा था।

धुआँ

जब वह स्कूल की तरफ रवाना हुआ तो उसने रास्ते में एक कसाई देखा, जिसके सिर पर एक बहुत बड़ा टोकरा था। उस टोकरे में दो ताजा जिबह किए हुए बकरे थे। खालें उतरी हुई थीं और उनके नंगे गोश्त में धुआँ निकल रहा था। जगह-जगह पर गोश्त, जिसको देखर मसऊद के ठंडे गालों पर गर्मी की लहरें-सी दौड़ जाती थीं, फड़क रहा था, जैसे कभी-कभी उसकी आँखें फड़का करती थीं।

उस वक्त सवा नौ बजे होंगे, मगर झुके हुए मटियाले बादलों के कारण ऐसा मालूम होता था कि बहुत सवेरा है। सर्दी में तेजी नहीं थी, लेकिन राह चलते आदमियों के मुँह से गर्म-गर्म समावर की टूटियों की तरह गाढ़ा सफेद धुआँ निकल रहा था। हर चीज बोझिल दिखाई देती थी, जैसे बादलों के वजन के नीचे दबी हुई है। मौसम कुछ ऐसी ही कैफियत लिए हुए था, जो रबड़ के जूते पहनकर चलने से पैदा होती है। इसके बावजूद बाजार में लोगों का आवागमन जारी था और दुकानों में जिंदगी के आसार पैदा हो चुके थे। आवाजें मद्धिम थीं, जैसे सरगोशियाँ हो रही हों। हौले-हौले लोग कदम उठा रहे हैं कि ज्यादा ऊँची आवाज पैदा न हो।

मसऊद बस्ता बगल में दबाए स्कूल जा रहा था। आज उसकी चाल भी सुस्त थी। जब उसने बे-खाल के ताजा जिबह किए हुए बकरों के गोश्त से सफेद-सफेद धुआँ उठता देखा तो उसे राहत पहुँची और वह सोचने लगा कि सर्दियों में ठंडे-सर्द हाथों पर बेंत खाने के बाद अगर यह धुआँ मिल जाया करे तो कितना अच्छा हो।

वातावरण में उजलापन नहीं था। रोशनी थी, मगर धुंधली। कुहरे की

एक पतली-सी तह हर चीज पर चढ़ी थी, जिससे वातावरण में गँदलापन पैदा हो गया था। यह गँदलापन आँखों को अच्छा मालूम होता था। इसलिए कि नजर आनेवाली चीजों की नोकपलक कुछ मद्धिम पड़ गई थी।

मसऊद जब स्कूल पहुँचा तो उसे अपने साथियों से यह मालूम कर के कतई तौर पर खुशी नहीं हुई कि स्कूल सकत्तर साहब की मौत के कारण बंद कर दिया गया है। सब लड़के खुश थे, जिसका सबूत यह था कि वे अपने बस्ते एक जगह पर रखकर स्कूल के सेहन में ऊटपटाँग खेलों में व्यस्त थे। कुछ छुट्टी का पता मालूम करते ही घर चले गए थे। कुछ आ रहे थे, कुछ नोटिस बोर्ड के सामने जमा थे और बार-बार एक ही इबारत पढ़ रहे थे।

मसऊद ने जब सुना कि सकत्तर साहब मर गए हैं तो उसे बिलकुल अफसोस न हुआ। उसका दिल जज्बात से बिलकुल खाली था। अलबत्ता उसने यह जरूर सोचा कि पिछले बरस जब उसके दादाजान की मौत इन ही दिनों में हुई थी तो उनका जनाजा ले जाने में बड़ी दिक्कत हुई थी। इसलिए कि बारिश शुरू हो गई थी। वह भी जनाजे के साथ गया था और कब्रिस्तान में चिकनी कीचड़ के कारण ऐसा फिसला था कि खुदी हुई कब्र में गिरते-गिरते बचा था। ये सब बातें उसको अच्छी तरह याद थीं। सर्दी की तेजी, उसके कीचड़ से लथपथ कपड़े, सुर्खीमायल नीले हाथ, जिनको दबाने से सफेद-सफेद धब्बे पड़ जाते थे। नाक, जो कि बर्फ की डली मालूम होती थी, और फिर आकर हाथ-पाँव धोने और कपड़े बदलने की कार्रवाही—यह सबकुछ उसको अच्छी तरह याद था। चुनाँचे जब सकत्तर साहब का जनाजा उठेगा तो बारिश शुरू हो जाएगी और कब्रिस्तान में इतनी कीचड़ हो जाएगी कि लोग फिसलेंगे और उनको ऐसी चोटें आएँगी कि बिलबिला उठेंगे।

मसऊद ने यह खबर सुनकर सीधे अपने कमरे का रुख किया। कमरे में पहुँचकर उसने अपनी डैस्क का ताला खोला। दो-तीन किताबें, जो उसे दूसरे रोज फिर लानी थीं, उसमें रखीं और बाकी बस्ता उठाकर घर की ओर चल पड़ा।

रास्ते में उसने दो ताजा जिबह किए हुए बकरे देखे। उनमें से एक को अब कसाई ने लटका दिया था। दूसरा तख्ते पर पड़ा था। जब मसऊद

दुकान से गुजरा तो उसके दिल में ख्वाहिश पैदा हुई कि वह गोश्त को, जिसमें से धुआँ उठ रहा था, छूकर देखे। चुनाँचे आगे बढ़कर उसने अँगुली से बकरे के उस हिस्से को छूकर देखा, जो अभी तक फड़क रहा था। गोश्त गर्म था। मसऊद की ठंडी अँगुली को यह हरारत बहुत भली मालूम हुई। कसाई दुकान के अंदर छुरियाँ तेज करने में लगा हुआ था। चुनाँचे मसऊद ने एक बार फिर गोश्त को छूकर देखा और वहाँ से चल पड़ा।

घर पहुँचकर जब उसने अपनी माँ को सकत्तर साहब की मौत की खबर सुनाई तो उसे मालूम हुआ कि उसके अब्बा जी उन्हीं के जनाजे के साथ गए हैं। अब घर में सिर्फ दो आदमी थे, माँ और बड़ी बहन कलसूम पास ही एक काँगड़ी लिए दरबारी की सरगम याद कर रही थी।

चूँकि गली के दूसरे लड़के गवर्नमेंट स्कूल में पढ़ते थे जिन पर इस्लामिया स्कूल के सकत्तर की मौत का कुछ असर न पड़ा था, इसलिए मसऊद ने खुद को बिलकुल बेकार महसूस किया। स्कूल का कोई काम भी नहीं था। छठी जमात में जो कुछ पढ़ाया जाता है वह घर में अपने अब्बा जी से पढ़ चुका था। खेलने के लिए भी उसके पास कोई चीज नहीं थी। एक मैला-क़ुचैला ताश ताक में पड़ा था, मगर उससे मसऊद को कोई दिलचस्पी नहीं थी। लूडो और इसी किस्म के दूसरे खेल, जो उसकी बड़ी बहन अपनी सहेलियों के साथ हर रोज खेलती थी, उसकी समझ से बालातर थे कि मसऊद ने कभी उनको समझने की कोशिश ही नहीं की थी। उसको स्वभावतः ऐसे खेलों से कोई लगाव न था।

बस्ता अपनी जगह पर रखने और कोट उतारने के बाद वह बावर्चीखाने में अपनी माँ के पास बैठ गया और दरबारी सरगम सुनता रहा, जिसमें कई दफा सा रे ग म आता था। उसकी माँ पालक काट रही थी। पालक काटने के बाद उसने हरे-हरे पत्तों का गीला-गीला ढेर उठाकर हंडिया में डाल दिया। थोड़ी देर के बाद जब पालक को आँच लगी तो उसमें सफेद धुआँ उठने लगा, उस धुएँ को देखकर मसऊद को बकरे का गोश्त याद आ गया। चुनाँचे अपनी माँ से कहा, "अम्मी जान, आज मैंने कसाई की दुकान पर दो बकरे देखे। खाल उतरी हुई थी और उनमें से धुआँ निकल रहा था, बिलकुल ऐसे ही जैसे कि सुबह-सवेरे मेरे मुँह से निकला करता है।"

"अच्छा—!" यह कहकर उसकी माँ चूल्हे में लकड़ियों के कोयले झाड़ने लगी।

"हाँ, मैंने गोश्त को अपनी अँगुली से छूकर देखा तो वह गर्म था।"

"अच्छा—" यह कहकर उसकी माँ ने वह बर्तन उठाया, जिसमें उसने पालक का साग धोया था और बावर्चीखाने से बाहर चली गई।

"और वह गोश्त कई जगह से फड़कता भी था।"

"अच्छा।" मसऊद की बड़ी बहन ने दरबारी सरगम याद करनी छोड़ दी और उसकी तरफ मुतवज्जह हुई—"कैसे फड़कता था ?"

"यूँ—यूँ," मसऊद ने अँगुलियों से फड़कन पैदा करके अपनी बहिन को दिखाई।

"तो फिर क्या हुआ ?"

यह सवाल कलसूम ने अपने सरगम से भरे दिमाग से कुछ इस तौर पर निकाला कि मसऊद कुछ समय के लिए बिलकुल किंकर्तव्यविमूढ़ हो गया—"फिर क्या होना था। मैंने तो ऐसे ही आपसे बात की थी कि कसाई की दुकान पर गोश्त फड़क रहा था। मैंने अँगुली से छूकर भी देखा था। गर्म था।"

"गर्म था""अच्छा मसऊद, यह बताओ, तुम मेरा एक काम करोगे ?"

"बताइए।"

"आओ, मेरे साथ चलो।"

"नहीं पहले आप बताइए, काम क्या है ?"

"तुम आओ तो सही मेरे साथ।"

"जी नहीं। पहले आप काम बताइए।"

"देखो, मेरी कमर में बड़ा दर्द हो रहा है। मैं पलंग पर लेटती हूँ। तुम जरा पाँव से दबा देना—अच्छे भाई जो हुए अल्लाह कसम, बड़ा दर्द हो रहा है।" यह कहकर मसऊद की बहन ने अपनी कमर में मुक्कियाँ मारना शुरू कर दिया।

"यह आपकी कमर को क्या हो जाता है ? जब देखो दर्द हो रहा है और फिर आप दबवाती भी मुझसे हैं। क्यों नहीं अपनी सहेलियों से कहें।" मसऊद उठ खड़ा हुआ।

"चलिए, लेकिन मैं आपको कहे देता हूँ कि दस मिनट से ज्यादा मैं बिलकुल नहीं दबाऊँगा।"

"शाबाश--शाबाश !" उसकी बहन उठ खड़ी हुई और सरगमों की कॉपी सामने ताक में रखकर उस कमरे की तरफ रवाना हुई, जहाँ वह और मसऊद दोनों सोते थे।

सेहन में पहुँचकर उसने अपनी दुखती हुई कमर सीधी की और ऊपर आसमान की तरफ देखा। मटियाले बादल झुके हुए थे।

"मसऊद, आज जरूर बारिश होगी-।" यह कहकर उसने मसऊद की तरफ देखा, मगर वह अंदर चारपाई पर लेटा था।

जब कलसूम पलँग पर औंधे मुँह लेट गई, तो मसऊद ने उठकर घड़ी में वक्त देखा-"देखो बीजी, ग्यारह बजने में दस मिनट बाकी हैं। मैं पूरे ग्यारह बजे आपकी कमर दाबना छोड़ दूँगा।"

"बहुत अच्छा, लेकिन अब तुम खुदा के लिए ज्यादा नखरे न बघारो। इधर मेरे पलँग पर आकर जल्दी कमर दबाओ, वरना याद रखो, बड़े जोर से कान उमेठूँगी।" कलसूम ने मसऊद को डाँट पिलाई। मसऊद ने अपनी बड़ी बहन के हुक्म की तामील की और दीवार का सहारा लेकर पाँव से उसकी कमर दबाना शुरू कर दी। मसऊद के वजन के नीचे कलसूम की चौड़ी-चकली कमर में थोड़ा-सा झुकाव पैदा हो गया। जब उसने पैरों से दबाना शुरू किया, ठीक उसी तरह जिस तरह मजदूर मिट्टी गूँधते हैं, तो कलसूम ने मजे लेने की खातिर हौले-हौले हाय-हाय करना शुरू किया।

कलसूम के कूल्हों पर गोश्त ज्यादा था। जब मसऊद का पाँव उस हिस्से पर पड़ा तो उसे महसूस हुआ कि बकरे के गोश्त को दबा रहा है, जो उसने कसाई की दुकान में अपनी अँगुली से छूकर देखा था। इस अहसास ने चंद क्षणों के लिए उसके मन-मस्तिष्क में ऐसे खयालात पैदा किए, जिनका कोई सिर था न पैर। वह उनका मतलब समझ न सका और समझता भी कैसे, जबकि कोई खयाल मुकम्मल नहीं था।

एक-दो बार मसऊद ने यह भी महसूस किया कि उसके पैरों के नीचे गोश्त के लोथड़ों में हरकत पैदा हुई है। उसी किस्म की हरकत जो उसने बकरे के गर्म-गर्म गोश्त में देखी थी। उसने बड़ी बेदिली से कमर दबाना शुरू

की थी, मगर अब इस काम में लज्जत महसूस होने लगी। उसके वजन के नीचे कलसूम हौले-हौले कराह रही थी। यह भिंची-भिंची आवाज जो कि मसऊद के पैरों की हरकत का साथ दे रही थी, इस गुमनाम-सी लज्जत में बढ़ रही थी।

टाइमपीस में ग्यारह बज गए, मगर मसऊद अपनी बहन कलसूम की कमर दबाता रहा। जब कमर अच्छी तरह दबाई जा चुकी तो कलसूम सीधी लेट गई और कहने लगी, "शाबाश, मसऊद शाबाश ! लो, अब लगे हाथ टाँगें भी दबा दो। बिलकुल इसी तरह—शाबाश, मेरे भाई !"

मसऊद ने दीवार का सहारा लेकर कलसूम की रानों पर जब अपना पूरा वजन डाला तो उसके वजन के नीचे मछलियाँ-सी तड़प गईं। बेअख्तियार वह हँस पड़ी और दुहरी हो गई। मसऊद गिरते-गिरते बचा, लेकिन उसके तलुओं में मछलियों की वह तड़प जम-सी गई। उसके दिल में ख्वाहिश पैदा हुई कि वह फिर उसी तरह दीवार का सहारा लेकर अपनी बहन की रानें दबाए। चुनाँचे उसने कहा, "यह आपने हँसना क्यों शुरू कर दिया ? सीधी लेट जाइए, मैं आपकी टाँगें दबा दूँ।"

कलसूम सीधी लेट गई। रानों की मछलियाँ इधर-उधर होने के कारण जो गुदगुदी पैदा हुई थी, उसका असर अभी तक उसके जिस्म पर बाकी था। "ना भाई—मेरे गुदगुदी पैदा होती है। तुम ऊटपटाँग से दबाते हो।"

मसऊद ने खयाल किया कि शायद उसने गलत तरीका इस्तेमाल किया है, "नहीं, अबकी दफा मैं पूरा बोझ आप पर नहीं डालूँगा—आप इत्मीनान रखिए। अब ऐसी अच्छी तरह दबाऊँगा कि आपको कोई तकलीफ न होगी।"

दीवार का सहारा लेकर मसऊद ने जिस्म को तौला और अंदाज से आहिस्ता-आहिस्ता कलसूम की रानों पर पैर जमाए कि उसका आधा बोझ कहीं गायब हो गया। हौले-हौले बड़ी होशियारी से उसने अपने पैर चलाने शुरू किए। कलसूम की रानों में अकड़ी हुई मछलियाँ उसके पैरों के नीचे दब-दबकर इधर-उधर फिसलने लगीं। मसऊद ने एक बार स्कूल में तने हुए रस्से पर इसी तरह बाजीगर को चलते हुए देखा था। उसने सोचा कि बाजीगर के पैरों के नीचे तना हुआ रस्सा इसी तरह फिसलता होगा।

इसके पहले कई बार उसने अपनी बहन कलसूम की टाँगें दबाई थीं,

मगर वह लज्जत, जो कि उसे अब हो रही है, पहले कभी महसूस नहीं हुई थी। बकरे के गर्म-गर्म गोश्त का उसे बार-बार खयाल आता था। एक-दो मर्तबा उसने सोचा, कलसूम को अगर जिबह कर दिया जाए तो खाल उतर जाने पर क्या उसके गोश्त में भी धुआँ निकलेगा ? लेकिन ऐसी बेहूदी बातें सोचने पर उसने अपने आपको मुजरिम महसूस किया और दिमाग को इस तरह साफ कर दिया, जैसे वह स्लेट को स्पंज से साफ किया करता था।

"बस, बस !" कलसूम थक गई, "बस बस।"

मसऊद को एकदम शरारत सूझी। वह पलंग पर से नीचे उतरने लगा तो उसने कलसूम की दोनों बगलों में गुदगुदी करना शुरू कर दी। हँसी के मारे वह लोटपोट हो गई। उसमें इतनी शक्ति नहीं थी कि वह मसऊद के हाथों को झटक दे। लेकिन जब उसने इरादा करके उसको लात जमानी चाही तो मसऊद उछलकर जोर से बाहर हो गया और स्लीपर पहनकर कमरे से बाहर निकल गया।

जब वह सेहन में दाखिल हुआ तो उसने देखा कि हलकी-हलकी बूँदा-बाँदी हो रही है। बादल और भी झुक आए थे। पानी के नन्हे-नन्हे कतरे आवाज पैदा किए बगैर सेहन की ईंटों में आहिस्ता-आहिस्ता जज्ब हो रहे थे। मसऊद का जिस्म एक दिल को छूनेवाली हरारत महसूस कर रहा था। जब हवा का ठंडा-ठंडा झोंका उसके गालों के साथ महसूस हुआ और दो-तीन नन्ही-नन्ही बूँदें उसकी नाक पर पड़ीं तो एक झुरझुरी-सी उसके बदन में लहरा उठी। सामने कोठे की दीवार पर एक कबूतर और एक कबूतरी पास-पास पर फैलाए बैठे थे। ऐसा मालूम होता था कि दोनों आग पकी हंडियों की तरह गर्म हों। गुलदाउदी और नाजबो के हरे-हरे पत्ते ऊपर लाल-लाल गमलों में नहा रहे थे। वातावरण में नींदें घुली हुई थीं। ऐसी नींदें, जिनमें बेदारी ज्यादा होती है और इनसान के इर्द-गिर्द नर्म ख्वाब यूँ लिपट जाते हैं जैसे ऊनी कपड़े।

मसऊद ऐसी बातें सोचने लगा, जिनका मतलब उसकी समझ में नहीं आता था। वह उन बातों को छूकर देख सकता था, मगर उनका मतलब उसकी गिरफ्त से बाहर था। फिर भी एक गुमनाम-सा मजा इस सोच-विचार में उसे आ रहा था।

बारिश में कुछ देर खड़े रहने के कारण जब मसऊद के हाथ बिलकुल सुन्न हो गए और दबाने से उन पर सफेद धब्बे पड़ने लगे तो उसने मुट्ठियाँ कस लीं और उनको मुँह की भाप से गर्म करना शुरू किया। हाथों को इस अमल में कुछ गर्मी तो पहुँची, मगर वे पसीज गए। अभी उसने पहला ग्रास उठाया था कि उसका बाप कब्रिस्तान से वापस आ गया। बाप-बेटे में कोई बात न हुई। मसऊद की माँ उठकर फौरन दूसरे कमरे में चली गई और वहाँ देर तक अपने खाविंद के साथ बातें करती रही।

खाने से फारिग होकर मसऊद बैठक में चला गया और खिड़की खोलकर फर्श पर लेट गया। बारिश की वजह से सर्दी की तेजी बढ़ गई थी, क्योंकि अब हवा भी चल रही थी। मगर यह सर्दी नाखुशगवार मालूम नहीं होती थी। तालाब के पानी की तरह यह ऊपर ठंडी और अंदर गर्म थी। मसऊद जब फर्श पर लेट गया तो उसके दिल में ख्वाहिश पैदा हुई कि वह इस सर्दी के अंदर धँस जाए जहाँ उसके जिस्म को आरामदेह गर्मी पहुँचे। देर तक वह ऐसी शीर गर्म बातों के विषय में सोचता रहा, जिसके कारण उसके पट्ठों में हलकी-हलकी-सी दुखन पैदा हो गई। एक-दो बार उसने अँगड़ाई ली तो उसे मजा आया। उसके जिस्म के किसी हिस्से में यह उसको मालूम नहीं था कि कहाँ, कोई चीज-सी अटक गई। यह चीज क्या थी ? उसके बारे में भी मसऊद को पता नहीं था। अलबत्ता इस भटकाव ने उसके सारे जिस्म में कसमसहाट, एक दबी हुई कसमसाहट की कैफियत पैदा कर दी थी। उसका सारा जिस्म खिंचकर लंबा हो जाने का इरादा बन गया था।

देर तक गुदगुदे कालीन पर करवटें बदलने के बाद वह उठा और बावर्चीखाने से होता हुआ सेहन में आ निकला। न कोई बावर्चीखाने में था, न सेहन में। इधर-उधर जितने कमरे थे, सबके सब बंद थे। बारिश अब रुक गई थी। मसऊद ने हॉकी और गेंद निकाली और सेहन में खेलना शुरू कर दिया। एक बार जब उसने जोर से हिट लगाई तो गेंद सेहन के दाएँ हाथवाले कमरे के दरवाजे पर लगी। अंदर से मसऊद के बाप की आवाज आई, 'कौन ?'

"जी मैं हूँ मसऊद।"

अंदर से आवाज आई, "क्या कर रहे हो ?"

"जी खेल रहा हूँ।"

"खेलो....." फिर थोड़े से अंतराल के बाद उसके बाप ने कहा, "तुम्हारी माँ मेरा सिर दबा रही है—ज्यादा शोर न मचाना।"

यह सुनकर मसऊद ने गेंद वहीं पड़ी रहने दी और हॉकी हाथ में लिए सामनेवाले कमरे का रुख किया। उसका एक दरवाजा बंद था और दूसरा अधखुला। मसऊद को एक शरारत सूझी। दबे पाँव वह नीमदरवाजे की तरफ बढ़ा और धमाके के साथ दोनों पट खोल दिए। दो चीखें बुलंद हुईं और कलसूम और उसकी सहेली बिमला ने, जो पास-पास लेटी थीं, भयभीत होकर झट से लिहाफ ओढ़ लिया।

बिमला के ब्लाउज के बटन खुले हुए थे और कलसूम उसके नंगे सीने को घूर रही थी।

मसऊद कुछ समझ न सका। उसके दिमाग में धुआँ-सा छा गया। वहाँ से वह उलटे कदम लौटकर बैठक की तरफ रवाना हुआ तो उसे अपने आप अपने अंदर एक अथाह शक्ति का अहसास हुआ, जिसने कुछ देर के लिए उसके सोचने-समझने की शक्ति बिलकुल कमजोर कर दी।

बैठक में खिड़की के पास बैठकर जब मसऊद ने हॉकी को दोनों हाथों से पकड़कर घुटने पर रखा तो यह सोचा कि हलका-सा दबाव डालने पर हॉकी में खम पैदा हो जाएगा और ज्यादा जोर लगाने पर हैंडिल चटाख से टूट जाएगा। उसने घुटने पर हॉकी के हैंडिल में खम तो पैदा कर लिया, मगर ज्यादा से ज्यादा जोर लगाने पर भी वह टूट न सका। देर तक वह हॉकी के साथ कुश्ती लड़ता रहा। जब वह थककर हार गया तो झुँझलाकर उसने हॉकी को परे फेंक दिया।

काली शलवार

दिल्ली आने से पहले वह अंबाला छावनी में थी, जहाँ कई गोरे उसके ग्राहक थे। इन गोरों से मिलने-जुलने के कारण वह अंग्रेजी के दस-पंद्रह वाक्य सीख गई थी। इनको वह आम बातचीत में इस्तेमाल नहीं करती थी, लेकिन जब वह दिल्ली में आई और उसका कारोबार न चला तो एक दिन उसने अपनी पड़ोसन तमंचा जान से कहा, "दिस लैप—वेरी बैड।" अर्थात् यह जिंदगी बुरी है, जबकि खाने को ही नहीं मिलता।

अंबाला छावनी में उसका धंधा बहुत अच्छी तरह चलता था। छावनी के गोरे शराब पीकर उसके पास आ जाते थे। वह तीन-चार घंटों ही में आठ-दस गोरों को निपटाकर बीस-तीस रुपए पैदा कर लिया करती थी। ये गोरे उसके हमवतनों के मुकाबले में बहुत अच्छे थे। इसमें कोई शक नहीं कि वे ऐसी भाषा बोलते, जिसका मतलब सुल्ताना की समझ में नहीं आता था। मगर उस भाषा से यह अनभिज्ञता उसके हक में बहुत अच्छी साबित होती थी। अगर वह उससे कुछ रियायत चाहते, तो वह सिर हिलाकर कह दिया करती थी, "साहब, हमारी समझ में तुम्हारी बात नहीं आता।" और अगर वे उससे जरूरत से ज्यादा छेड़-छाड़ करते, तो वह उनको अपनी जबान में गालियाँ देना शुरू कर देती थी। वे हैरत में उसके मुँह की तरफ देखते, तो वह उनसे कहती, "साहब तुम एकदम उल्लू का पट्‌ठे दिखाई देते।"

मगर यहाँ दिल्ली में वह जब से आई थी, एक भी गोरा उसके घर नहीं आया था। तीन महीने उसको हिंदुस्तान के इस शहर में रहते हो गए थे, जहाँ उसने सुना था कि लाट साहब रहते हैं, जो गर्मियों में शिमला चले जाते हैं, मगर सिर्फ छह आदमी उसके पास आए थे, सिर्फ छह यानी महीने

में दो और इन छह ग्राहकों से उसने खुदा झूठ न बुलवाए तो साढ़े अठारह रुपए वसूल किए थे। तीन रुपए से ज्यादा पर कोई मानता ही नहीं था। सुल्ताना ने इनमें से पाँच आदमियों को अपना रेट दस रुपए बताया था, मगर ताज्जुब की बात है, इनमें से प्रत्येक ने यही कहा—सिर्फ—भाई हम तीन रुपए से एक कौड़ी ज्यादा नहीं देंगे। न जाने क्या बात थी कि इनमें से हर एक ने उसे तीन रुपए के काबिल समझा। चुनाँचे जब छठा आया तो उसने खुद उससे क़हा—देखो, मैं तीन रुपए एक टेम के लूँगी। इससे एक अधेला तुम कहो तो मैं कम न लूँगी। अब तुम्हारी मर्जी हो तो रहो, वरना जाओ। छठे आदमी ने यह सुनकर तकरार न की और उसके यहाँ ठहर गया। जब दूसरे कमरे में वह दरवाजे बंद करके अपना कोट उतारने लगा तो सुल्ताना ने कहा—लाइए एक रुपया दूध का। उसने एक रुपया तो न दिया, लेकिन नए बादशाह की चमकती हुई अठन्नी जेब में से निकालकर उसको दे दी और सुल्ताना ने भी चुपके से ले ली कि चलो, जो आया गनीमत है।

साढ़े अठारह रुपए तीन महीनों में—बीस रुपए माहवार तो इस कोठे का किराया था, जिसको मालिक-मकान अंग्रेजी भाषा में फ्लैट कहता था। फ्लैट में ऐसा पाखाना था, जिसमें जंजीर खींचने से सारी गंदगी पानी के जोर से एकदम नल में नीचे गायब हो जाती थी और बड़ा शोर होता था। शुरू-शुरू में तो उस शोर ने उसे बहुत डराया था। पहले दिन जब वह शौच जाने के लिए उस पाखाने में गई तो उसकी कमर में बहुत तेज दर्द हो रहा था। फारिग होने के बाद जब वह उठने लगी तो उसने लटकी हुई जंजीर का सहारा ले लिया। उस जंजीर को देखकर उसने खयाल किया, चूँकि यह मकान खास हम लोगों की रिहाइश के लिए तैयार किए गए हैं, यह जंजीर इसलिए लगाई गई है कि उठते वक्त तकलीफ न हो और सहारा मिल जाया करे। मगर ज्यूँ ही उसने जंजीर को पकड़कर उठना चाहा, ऊपर खट-खट सी हुई और फिर एकदम पानी इस शोर के साथ बाहर निकला कि डर के मारे उसके मुँह से चीखें निकल गईं।

खुदाबख्श दूसरे कमरे में अपना फोटोग्राफी का सामान दुरुस्त कर रहा था और साफ बोतलों में हाइड्रोकूनीन डाल रहा था कि उसने सुल्ताना की चीख सुनी। डरकर वह बाहर निकला और सुल्ताना से पूछा, "क्या हुआ?—यह

चीख तुम्हारी थी?"

सुल्ताना का दिल धड़क रहा था। उसने कहा, "यह मुआ पाखाना है या क्या है—बीच में रेलगाड़ियों की तरह जंजीर क्या लटका रखी है। मेरी कमर में दर्द था। मैंने कहा चलो इसका सहारा ले लूँगी, पर इस मुई जंजीर को छेड़ना था कि वह धमाका हुआ कि मैं तुमसे क्या कहूँ?"

इस पर खुदाबख्श बहुत हँसा था और सुल्ताना को उस पाखाने की बाबत सबकुछ बता दिया था कि नए फैशन का है, जिसमें जंजीर हिलाने से सब गंदगी नीचे जमीन में धँस जाती है।

खुदाबख्श और सुल्ताना का आपस में कैसे संबंध हुआ, यह एक लंबी कहानी है। खुदाबख्श रावलपिंडी का था। एंट्रेंस पास करने के बाद उसने लारी चलाना सीखा। चुनाँचे रावलपिंडी और काश्मीर के बीच लारी का काम करता रहा। इसके बाद काश्मीर में उसकी दोस्ती एक औरत से हो गई। उसको भगाकर लाहौर ले आया। लाहौर में चूँकि उसको कोई काम न मिला, इसलिए उसने औरत को पेशे पर बिठा दिया। दो-तीन वर्ष तक यह सिलसिला जारी रहा और फिर वह और किसी औरत के साथ भाग गई। खुदाबख्श को मालूम हुआ कि वह अंबाला में है। वह उसकी तलाश में अंबाला आया, जहाँ उसको सुल्ताना मिल गई। सुल्ताना ने उसको पसंद किया चुनाँचे दोनों का संबंध हो गया।

खुदाबख़्श के आने से एकदम सुल्ताना का कारोबार चमक उठा। औरत चूँकि अंधविश्वासी थी, इसलिए उसने समझा कि खुदाबख्श बड़ा भागवान है, जिसके आने से इतनी तरक्की हो गई। चुनाँचे इस विश्वास ने खुदाबख्श का महत्त्व उसकी दृष्टि में और बढ़ा दिया।

खुदाबख्श आदमी मेहनती था। सारा दिन हाथ धर कर बैठना पसंद नहीं करता था। चुनाँचे उसने फोटोग्राफर से दोस्ती पैदा की, जो रेलवे स्टेशन के बाहर मिंट कैमरे से फोटो खींचा करता था। उससे उसने फोटो खींचना सीख लिया। फिर सुल्ताना से साठ रुपए लेकर कैमरा भी खरीद लिया। आहिस्ता-आहिस्ता एक पर्दा बनवाया। दो कुर्सियाँ खरीदीं और फोटो धोने का सब सामान लेकर अपना काम शुरू कर दिया।

काम चल निकला। चुनाँचे उसने थोड़ी ही देर के बाद अपना अड्डा

अंबाला छावनी में कायम कर दिया। यहाँ वह गोरों के फोटो खींचता रहता। एक महीने के अंदर-अंदर उसकी जान-पहचान छावनी के बहुत से गोरों से हो गई। चुनाँचे वह सुल्ताना को वहीं ले गया। यहाँ छावनी में खुदाबख्श के जरिए से कई गोरे सुल्ताना के पक्के ग्राहक बन गए और उसकी आमदनी पहले से दुगुनी हो गई।

सुल्ताना ने कानों के लिए बुंदे खरीदे। साढ़े पाँच तोले की आठ कंगनियाँ भी बनवा लीं। दस-पंद्रह अच्छी-अच्छी साड़ियाँ भी जमा कर लीं। घर में फर्नीचर वगैरह भी आ गया। निष्कर्ष यह कि अंबाला छावनी में वह बड़ी खुशहाल थी। मगर एकाएक न जाने खुदाबख्श के दिल में क्या समाई कि उसने दिल्ली जाने की ठान ली। सुल्ताना इनकार कैसे करती, जबकि खुदाबख्श को अपने लिए वह बहुत मुबारक खयाल करती थी। उसने खुशी-खुशी देहली जाना कबूल कर लिया। उसने सोचा कि इतने बड़े शहर में, जहाँ लाट साहब रहते हैं, उसका धंधा और अच्छा चलेगा। अपनी सहेलियों से वह दिल्ली की तारीफें सुन चुकी थी। फिर यहाँ हजरत निजामुद्दीन औलिया की दरगाह भी थी, जिसमें उसे बेहद श्रद्धा थी। चुनाँचे जल्दी-जल्दी घर का भारी सामान बेच-बाचकर वह खुदाबख्श के साथ दिल्ली आ गई। यहाँ पहुँचकर खुदाबख्श ने बीस रुपए माहवार पर एक छोटा-सा फ्लैट ले लिया, जिसमें वे दोनों रहने लगे।

एक ही किस्म के नए मकानों की लंबी-सी कतार सड़क के साथ-साथ चली गई थी। म्युनिसिपल कमेटी ने शहर का खास भाग वेश्याओं के लिए नियत कर दिया था ताकि वे शहर में जगह-जगह अड्डे न बनाएँ। नीचे दुकानें थीं और ऊपर दो मंजिला रिहाइशी फ्लैट। चूँकि सब इमारतें एक ही डिजाइन की थीं, इसलिए शुरू-शुरू में सुल्ताना को अपना फ्लैट तलाश करने में बहुत कठिनाई होती थी, पर जब नीचे लाँडरीवाले ने अपना बोर्ड घर की पेशानी पर लगा दिया तो उसको एक पक्की निशानी मिल गई—"यहाँ मैले कपड़े की धुलाई की जाती है।" यह बोर्ड पढ़ते ही वह अपना फ्लैट तलाश कर लिया करती थी। इस तरह उसने बहुत-सी निशानियाँ कायम कर ली थीं। मसलन बड़े-बड़े अक्षरों में जहाँ कोयलों की दुकान लिखा था, वहाँ उसकी दूसरी सहेली हीराबाई रहती थी, जो कभी रेडियोघर में गाने गाया करती थी। जहाँ 'यात्रियों के खाने का आला इंतजाम है' लिखा था वहाँ उसकी दूसरी

सहेली मुख्तार रहती थी। निवाड़ के कारखाने के ऊपर अनवरी रहती थी, जो उस कारखाने के सेठ के पास नौकर थी। चूँकि सेठ साहब को रात के वक्त अपने कारखाने की देखभाल करनी होती थी, इसलिए वह अनवरी के पास ही रहते थे।

दुकान खोलते ही ग्राहक थोड़े ही आते हैं। चुनाँचे जब एक महीने तक सुल्ताना बेकार रही तो उसने यही सोचकर अपने दिल को तसल्ली दी, पर जब दो महीने गुजर गए और कोई आदमी उसके कोठे पर नहीं आया तो उसे बहुत चिंता हुई। उसने खुदाबख्श से कहा, "क्या बात है खुदाबख्श? दो महीने आज पूरे हो गए हैं हमें यहाँ आए हुए, किसी ने इधर रुख नहीं किया। मानती हूँ आजकल बाजार बहुत मंदा है, पर इतना मंदा भी नहीं कि महीने-भर में कोई शक्ल देखने ही न आए।" खुदाबख्श को भी यह बात बहुत अर्से से खटक रही थी, मगर वह खामोश था। पर जब सुल्ताना ने खुद बात छेड़ी तो उसने कहा, "मैं कई दिनों से इसके बारे में सोच रहा हूँ। एक बात समझ में आती है, वह यह कि जंग की वजह से लोग-बाग दूसरे धन्धों में पड़कर इधर का रास्ता भूल गए हैं—या फिर हो सकता है कि······।" इसके आगे कुछ कहने ही वाला था कि सीढ़ियों पर किसी के चढ़ने की आवाज आई। खुदाबख्श और सुल्ताना दोनों ने इस आवाज की तरफ ध्यान दिया। थोड़ी देर के बाद दस्तक हुई। खुदाबख्श ने लपककर दरवाजा खोला—एक आदमी अंदर दाखिल हुआ। यह पहला ग्राहक था, जिससे तीन रुपए में सौदा तय हुआ। इसके बाद पाँच और आए यानि तीन महीने में छह जिनसे सुल्ताना ने सिर्फ अठारह रुपए वसूल किए।

बीस रुपए माहवार तो फ्लैट के किराए में चले जाते थे। पानी का टैक्स और बिजली का बिल अलग था। इसके अलावा घर में दूसरे खर्चे थे—खाना-पीना, कपड़े लत्ते, दवा दारू और आमदनी कुछ भी नहीं थी। साढ़े अठारह रुपए तीन महीनों में आएँ तो उसे आमदनी नहीं कह सकते। सुल्ताना परेशान हो गई। साढ़े पाँच तोले की आठ कंगनियाँ, जो उसने अंबाले में बनवाई थीं, आहिस्ता-आहिस्ता बिक गईं। आखिरी कंगनी की जब बारी आई तो उसने खुदाबख्श से कहा, "तुम मेरी सुनो और अंबाले चलो। यहाँ क्या धरा है—? भई होगा, पर हमें तो यह शहर रास नहीं आया। तुम्हारा काम भी वहाँ खूब

चलता था। चलो वहीं चलते हैं। जो नुकसान हुआ, उसको अपना सिर सदका समझो। इस कंगनी को बेचकर आओ। मैं असबाब वगैरा बाँधकर तैयार रखती हूँ। आज रात की गाड़ी से यहाँ से चल देंगे।"

खुदाबख्श ने कंगनी सुल्ताना के हाथ से ली और कहा, "नहीं जानेमन, अंबाला अब नहीं जाएँगे, यहीं दिल्ली में रहकर कमाएँगे। तुम्हारी चूड़ियाँ सबकी सब यहीं वापस आएँगी। अल्लाह पर भरोसा रखो। वह बड़ा कारसाज है। यहाँ भी वह कोई न कोई असबाब बना ही देगा।"

सुल्ताना चुप हो रही। चुनाँचे आखिरी कंगनी भी हाथ से उतर गई। बुच्चे हाथ देखकर उसको बहुत दुख होता था, पर क्या करती? पेट भी तो आखिर किसी हीले से भरना था।

जब पाँच महीने गुजर गए और आमदनी खर्च के मुकाबले चौथाई से भी कुछ कम रही तो सुल्ताना की परेशानी और ज्यादा बढ़ गई। खुदाबख्श भी अब सारा दिन घर से गायब रहने लगा था। सुल्ताना को इसका भी दुख था। इसमें कोई शक नहीं कि पड़ोस में उसकी दो-तीन मिलनेवालियाँ मौजूद थीं, जिनके साथ वह अपना वक्त काट सकती थी पर हर रोज उनके यहाँ आना-जाना और घंटों बैठे रहना उसको बहुत बुरा लगता था। चुनाँचे आहिस्ता-आहिस्ता उसने इन सहेलियों से मिलना-जुलना बिलकुल छोड़ दिया। सारा दिन वह अपने सुनसान मकान में बैठी रहती। कभी छालियाँ काटती रहती, कभी अपने पुराने और फटे हुए कपड़ों को सीती रहती और कभी बाहर बालकनी में आकर जंगले के साथ खड़ी हो जाती और सामने रेलवे शेड और चलते हुए इंजनों की तरफ घंटों बेमतलब देखती रहती।

सड़क की दूसरी तरफ मालगोदाम था, जो इस कोने से उस कोने तक फैला हुआ था। दाहिने हाथ की लोहे की छत के नीचे बड़ी-बड़ी गाँठें पड़ी रहती थीं और हर किस्त के माल-असबाब के ढेर लगे रहते थे। बाएँ हाथ को खुला मैदान था, जिसमें असंख्य रेल पटरियाँ बिछी हुई थीं। धूप में लोहे की पटरियाँ चमकतीं तो सुल्ताना अपने हाथों की तरफ देखती जिन पर नीली-नीली रगें बिलकुल उन पटरियों की तरह उभरी रहती थीं। इस लंबे और खुले मैदान में हर वक्त इंजन और गाड़ियाँ चलती रहती थीं। सुबह-सकारे उठकर जब वह बालकनी में आती तो एक अजीब दृश्य नजर आता।

धुँधलके में इंजनों के मुँह से गाढ़ा-गाढ़ा धुँआ निकलता था और गँदले आसमान की ओर मोटे और भारी आदमियों की तरह उठता दिखाई देता था। भाप के बड़े-बड़े बादल भी एक शोर के साथ पटरियों से उठते थे और आँख झपकने की देर में हवा के अंदर घुल-मिल जाते थे। फिर कभी-कभी जब गाड़ी के किसी डिब्बे को, जिसे इंजन ने धक्का देकर छोड़ दिया हो, अकेले पटरियों पर चलता देखती तो उसे अपना खयाल आता। वह सोचती कि उसे भी किसी ने जिंदगी की पटरी पर धक्का देकर छोड़ दिया है और वह खुद-ब-खुद जा रही है। दूसरे लोग काँटे बदल रहे हैं और वह चली जा रही है– न जाने कहाँ–फिर एक दिन ऐसा आएगा, जब इस धक्के का जोर आहिस्ता-आहिस्ता खत्म हो जाएगा और वह कहीं रुक जाएगी। किसी ऐसे मुकाम पर जो उसका देखा-भाला न होगा।

यूँ तो वह बेमतलब घंटों रेल की इन टेढ़ी-बाँकी पटरियों और ठहरे और चलते हुए इंजनों की तरफ देखती रहती थी, पर तरह-तरह के खयाल उसके दिमाग में आते रहते थे। अंबाला छावनी में जब वह रहती थी तो स्टेशन के पास ही उसका मकान था। मगर वहाँ उसने कभी इन चीजों को ऐसी नजरों से नहीं देखा था। अब तो कभी-कभी इन चीजों का उसके दिमाग में यह भी खयाल आता है कि यह जो सामने रेल की पटरियों का जाल-सा बिछा है और जगह-जगह से भाप और धुआँ उठ रहा है, एक बहुत बड़ा चकला है। बहुत-सी गाड़ियाँ हैं, जिनको चंद मोटे-मोटे इंजन इधर-उधर धकेलते रहते हैं। सुल्ताना को कभी-कभी ये इंजन सेठ मालूम होते थे, जो कभी-कभी अंबाला में उसके यहाँ आया करते थे। फिर कभी-कभी जब किसी इंजन को गाड़ियों की कतार के पास से गुजरता हुआ देखती तो उसे ऐसा महसूस होता कि कोई आदमी चकले के किसी बाजार में से ऊपर कोठों की तरफ देखता जा रहा है।

सुल्ताना समझती थी कि ऐसी बातें सोचना दिमाग की खराबी का कारण है। चुनाँचे जब इस किस्म के खयाल उसको आने लगे तो उसने बालकनी में जाना छोड़ दिया। खुदाबख्श से उसने अनेक बार कहा, "देखो, मेरे हाल पर रहम करो। यहाँ घर में रहा करो। मैं सारा दिन यहाँ बीमारों की तरह पड़ी रहती हूँ। मगर उसने हर बार सुल्ताना से यह कहकर उसकी तसल्ली

कर दी—जानेमन मैं बाहर कुछ कमाने की फिक्र कर रहा हूँ। अल्ला ने चाहा तो चंद दिनों में ही बेड़ा पार हो जाएगा।

पूरे पाँच महीने हो गए थे, मगर अभी तक न सुल्ताना का बेड़ा पार हुआ था, न खुदाबख्श का। मुहर्रम का महीना सिर पर आ रहा था, मगर सुल्ताना के पास काले कपड़े बनवाने के लिए कुछ भी नहीं था। मुख्तार ने लेडी हिमल्टन की एक नए ढंग की कमीज बनवाई थी, जिसकी आस्तीनें काली जार्जेट की थीं। इसके साथ मैच करने के लिए उसके पास काली साटन की सलवार थी, जो काजल की तरह चमकती थी। अनवरी ने रेशमी जार्जेट की एक बड़ी उम्दा साड़ी खरीदी थी। उसने सुल्ताना से कहा था, वह इसी साड़ी के नीचे सफेद बोसकी का पेटीकोट पहनेगी क्योंकि यह नया फैशन है। इस साड़ी के साथ पहनने को अनवरी काली मखमल का एक जूता लाई थी, जो बड़ा नाजुक था। सुल्ताना ने जब ये तमाम चीजें देखीं तो उसको इस अहसास ने बहुत दुख दिया कि वह मुहर्रम मनाने के लिए ऐसा लिबास खरीदने की हैसियत नहीं रखती।

अनवरी और मुख्तार के पास यह लिबास देखकर जब वह घर आई तो उसका दिल गमगीन था। उसे ऐसा मालूम होता था कि एक फोड़ा-सा उसके अंदर पैदा हो गया है। घर बिलकुल खाली था। खुदाबख्श वैसे ही हमेशा की तरह बाहर था। देर तक वह दरी पर गाव तकिया सिर के नीचे रखकर लेटी रही, पर जब उसकी गर्दन ऊँचाई के कारण अकड़-सी गई तो उठकर बाहर बाल्कनी में चली गई ताकि गमगीन खयालात को अपने दिमाग में से निकाल दे।

सामने पटरियों पर गाड़ियों के डिब्बे खड़े थे पर इंजन कोई भी न था। शाम का वक्त था, छिड़काव हो चुका था। इसलिए गर्द व गुबार दब गया था। बाजार में ऐसे आदमी चलने शुरू हो गए थे जो ताक-झाँक करने के बाद चुपचाप घरों का रुख करते हैं। ऐसे ही एक आदमी ने गर्दन ऊँची करके सुल्ताना की तरफ देखा। सुल्ताना मुसकरा दी और उसको भूल गई क्योंकि अब सामने पटरियों पर एक इंजन प्रकट हो गया था। सुल्ताना ने गौर से उसकी तरफ देखना शुरू कर दिया और आहिस्ता-आहिस्ता यह खयाल उसके दिमाग में आया कि इंजन ने भी काला लिबास पहन रखा है। यह

अजीब-ओ-गरीब खयाल दिमाग में से निकालने की खातिर जब उसने सड़क की ओर देखा तो उसे वही आदमी बैलगाड़ी के पास खड़ा नजर आया जिसने उसकी तरफ ललचाई नजरों से देखा था। सुल्ताना ने उसे हाथ से इशारा किया। उस आदमी ने इधर-उधर देखकर एक लतीफ इशारे से पूछा--किधर से आऊँ? सुल्ताना ने उसे रास्ता बता दिया। वह आदमी थोड़ी देर खड़ा रहा, मगर फिर बड़ी फुर्ती से चला आया।

सुल्ताना ने उसे दरी पर बैठाया। जब वह बैठ गया तो उसने बातचीत शुरू करने के लिए कहा--"आप ऊपर आते हुए डर रहे थे।" वह आदमी यह सुनकर मुसकराया--"तुम्हें कैसे मालूम हुआ? डरने की बात ही क्या थी?" इस पर सुल्ताना ने कहा--"यह मैंने इसलिए कहा कि आप देर तक वहीं खड़े रहे और फिर कुछ सोचकर इधर आए।" यह सुनकर वह फिर मुसकराया--"तुम्हें गलतफहमी हुई है। मैं तुम्हारे ऊपरवाले फ्लैट की तरफ देख रहा था। वहाँ कोई औरत खड़ी एक मर्द को ठेंगा दिखा रही थी। मुझे यह मंजर पसंद आया, फिर बाल्कनी में सब्ज बल्ब रोशन हुआ तो मैं कुछ देर के लिए ठहर गया। सब्ज रोशनी मुझे पसंद है। आँखों को बहुत अच्छी लगती है।" यह कहकर उसने कमरे का जायजा लेना शुरू कर दिया। फिर वह उठ खड़ा हुआ। सुल्ताना ने पूछा, "आप जा रहे हैं?" उस आदमी ने जवाब दिया, "नहीं मैं तुम्हारे इस मकान को देखना चाहता हूँ--चलो, मुझे तमाम कमरे दिखाओ।"

सुल्ताना ने उसको तीनों कमरे एक-एक करके दिखा दिए। उस आदमी ने बिलकुल खामोशी से उन कमरों का मुआयना किया। जब वे दोनों फिर उसी कमरे में आ गए, जहाँ पहले बैठे थे तो उस आदमी ने कहा--"मेरा नाम शंकर है।"

सुल्ताना ने पहली बार गौर से शंकर की तरफ देखा। वह औसत कद, मामूली शक्ल व सूरत का आदमी था, मगर उसकी आँखें असामान्य रूप में शफ्फाफ थीं। कभी-कभी उनमें एक अजीब किस्म की चमक भी होती थी। गठीला और कसरती बदन था। कनपटियों पर उसके बाल सफेद हो रहे थे। खाकस्तरी रंग की गर्म पतलून पहने था। सफेद कमीज था, जिसका कॉलर गर्दन पर से ऊपर को उठा हुआ था।

शंकर कुछ इस तरह दरी पर बैठा था कि मालूम होता था कि शंकर की बजाय ग्राहक है। इस अहसास ने सुल्ताना को थोड़ा परेशान कर दिया। चुनाँचे उसने शंकर से कहा—"फरमाइए?"

शंकर बैठा था। यह सुनकर लेट गया। "मैं क्या फरमाऊँ, कुछ तुम ही फरमाओ। तुम ही ने मुझे बुलाया है।" जब सुल्ताना कुछ न बोली तो वह उठ बैठा, "मैं समझा। लो, अब मुझसे सुनो जो कुछ तुमने समझा, गलत है। मैं उन लोगों में से नहीं हूँ जो कुछ देकर जाते हैं। डॉक्टरों की तरह मेरी भी फीस है। मुझे जब बुलाया जाए तो फीस देनी ही पड़ती है।"

सुल्ताना यह सुनकर चकरा गई, मगर इसके बावजूद उसे बेअख्तियार हँसी आ गई—"आप काम क्या करते हैं?"

शंकर ने जवाब दिया—"यही जो तुम करती हो।"

"क्या?"

"तुम क्या करती हो।"

"मैं⋯मैं⋯कुछ नहीं करती।"

"मैं भी कुछ नहीं करता।"

सुल्ताना ने भन्नाकर कहा—"यह तो कोई बात न हुई—आप कुछ न कुछ तो जरूर करते होंगे।" शंकर ने बड़े इत्मीनान से जवाब दिया "तुम भी कुछ-न-कुछ जरूर करती होगी।"

"झक मारती हूँ।"

"मैं भी झक मारता हूँ।"

"तो आओ, दोनों मिलकर झक मारें।"

"मैं हाजिर हूँ, मगर झक मारने के दाम मैं कभी नहीं दिया करता।"

"होश की दवा करो—यह लंगरखाना नहीं।"

"और मैं भी वालंटियर नहीं।"

सुल्ताना यहाँ रुक गई। उसने पूछा, "ये वालंटियर कौन होते हैं?"

शंकर ने जवाब दिया "उल्लू के पट्ठे।"

"मैं भी उल्लू की पट्ठी नहीं।"

"मगर वह आदमी खुदाबख्श, जो तुम्हारे साथ रहता है जरूर उल्लू का पट्ठा है।"

"क्यों?"

"इसलिए कि वह कई दिनों से एक ऐसे खुदारसीदा फकीर के साथ अपनी किस्मत खुलवाने की खातिर जा रहा है, जिसकी किस्मत जंग लगे ताले की तरह बंद है।" यह कहकर शंकर हँसा।

इस पर सुल्ताना ने कहा, "तुम हिंदू हो, इसलिए हमारे इन बुजुर्गों का मजाक उड़ाते हो।"

शंकर मुसकराया, ऐसी जगहों पर हिंदू-मुस्लिम सवाल पैदा नहीं हुआ करते। पंडित मालवीय और मिस्टर जिन्ना अगर यहाँ आएँ तो वे भी शरीफ आदमी बन जाएँ।"

"जाने तुम क्या ऊट-पटाँग बातें करते हो—बोलो रहोगे?"

"इसी शर्त पर जो मैं पहले बता चुका हूँ।"

सुल्ताना उठ खड़ी हुई—"तो जाओ, रास्ता पकड़ो।"

शंकर आराम से उठा। पतलून की जेबों में उसने अपने दोनों हाथ ठूँसे और जाते हुए कहा, "मैं कभी-कभी इस बाजार से गुजरा करता हूँ।" जब भी तुम्हें मेरी जरूरत हो, बुला लेना। मैं बहुत काम का आदमी हूँ।"

शंकर चला गया और सुल्ताना काले लिबास को भूलकर देर तक उसके विषय में सोचती रही। इस आदमी की बातों ने उसके दुख को बहुत हलका कर दिया। अगर वह अंबाला में आया होता, जहाँ कि वह खुशहाल थी, तो उसने किसी और रंग में इस आदमी को देखा होता, मगर यहाँ चूँकि वह बहुत उदास रहती थी, इसलिए शंकर की बातें उसे पसंद आईं।

शाम को जब खुदाबख्श आया तो सुल्ताना ने उससे पूछा, "तुम आज सारा दिन किधर गायब रहे हो?"

खुदाबख्श थककर चूर-चूर हो रहा था। कहने लगा, "पुराने किले के पास से आ रहा हूँ। वहाँ एक बुजुर्ग कुछ दिनों से ठहरे हुए हैं। उन्हीं के पास हर रोज जाता हूँ कि हमारे दिन फिर जाएँ।"

"कुछ उन्होंने तुमसे कहा?"

"नहीं, अभी वह मेहरबान नहीं हुए—पर सुल्ताना, मैं जो उनकी खिदमत कर रहा हूँ—वह अकारथ कभी नहीं जाएगी। अल्लाह का फजल अगर शामिल हाल रहा तो जरूर वारे-न्यारे हो जाएँगे।"

सुल्ताना के दिमाग में मुहर्रम मनाने का खयाल समाया हुआ था। खुदाबख्श से रोनी आवाज में कहने लगी—"सारा-सारा दिन बाहर गायब रहते हो—मैं यहाँ पिंजरे में कैद रहती हूँ, न कहीं जा सकती हूँ, न आ सकती हूँ। मुहर्रम सिर पर आ गया है। कुछ तुमने इसकी भी फिक्र की कि मुझे काले कपड़े चाहिए। घर में फूटी कौड़ी भी नहीं। कंगनियाँ थीं, सो वे एक-एक करके बिक गईं। अब तुम ही बताओ क्या होगा? यूँ फकीरों के पीछे कब तक मारे-मारे फिरा करोगे? मुझे तो ऐसा दिखाई देता है कि यहाँ देहली में खुदा ने भी हमसे मुँह मोड़ लिया है। मेरी सुनो तो अपना काम शुरू कर दो। कुछ तो सहारा हो ही जाएगा।"

खुदाबख्श दरी पर लेट गया और कहने लगा—"पर यह काम शुरू करने के लिए भी तो थोड़ा-बहुत सरमाया चाहिए—खुदा के लिए अब ऐसी दुख-भरी बातें न करो। मुझे अब बरदाश्त नहीं हो सकती। मैंने सचमुच अंबाला छोड़ने में सख्त गलती की। पर जो करता है, अल्ला ही करता है, और हमारी बेहतरी ही के लिए करता है। क्या पता है कि कुछ देर और तकलीफ बर्दाश्त करने के बाद तुम·····?"

सुल्ताना ने बातें काटकर कहा, "तुम खुदा के लिए कुछ करो। चोरी करो या डाका मारो, एक सलवार का कपड़ा जरूर ला दो। मेरे पास सफेद बोसकी की एक कमीज पड़ी है। उसको मैं काला रँगवा लूँगी। सफेद नीनोन का एक दुपट्टा भी मेरे पास मौजूद है। वही जो तुमने मुझे दीवाली पर लाकर दिया था। यह भी कमीज के साथ ही काला रँगवा लिया जाएगा। सिर्फ सलवार की कसर है सो वह तुम किसी न किसी तरह पैदा कर दो—देखो तुम्हें मेरी जान की कसम, किसी न किसी तरह जरूर ला दो। मेरे मत्ती खाओ, अगर न लाओ।"

खुदाबख्श उठ बैठा—"अब तुम ख्वाहमख्वाह जोर दिए चली जा रही हो—मैं कहाँ से लाऊँगा? अफीम खाने के लिए तो मेरे पास पैसा नहीं।"

"कुछ भी करो मगर मुझे साढ़े चार गज की साटन ला दो।"

"दुआ करो कि आज रात ही अल्ला दो-तीन आदमी भेज दे।"

"लेकिन तुम कुछ नहीं करोगे—तुम अगर चाहो तो जरूर इतने पैसे पैदा कर सकते हो। जंग से पहले यह साटन बारह चौदह आने गज मिल

जाती थी। अब सवा रुपए गज के हिसाब से मिलती है। साढ़े चार गजों पर कितने रुपए खर्च हो जाएँगे?"

"अब तुम कहती हो तो मैं हीला करूँगा।" यह कहकर खुदाबख्श उठा। "लो, अब इन बातों को भूल जाओ," मैं होटल से खाना ले आऊँ।

होटल से खाना आया। दोनों ने मिलकर ज़हरमार किया और सो गए। सुबह हुई। खुदाबख्श पुराने किलेवाले फकीर के पास चला गया और सुल्ताना अकेली रह गई। कुछ देर लेटी रही, कुछ देर सोती रही। इधर-उधर कमरों में टहलती रही। दोपहर का खाना खाने के बाद उसने सफेद नीनोन का दुपट्टा और सफेद बोसकी की कमीज निकाली और नीचे लांडरीवाले को रँगने के लिए दे आई। कपड़े धोने के अलावा वहाँ रँगने का भी काम होता था।

यह काम करने के बाद उसने वापस आकर फिल्मों की किताबें पढ़ीं, जिनमें उसकी देखी हुई फिल्मों की कहानी और गीत छपे हुए थे। ये किताबें पढ़ते-पढ़ते वह सो गई। जब उठी तो चार बज चुके थे, क्योंकि धूप आँगन में मोरी के पास पहुँच चुकी थी। नहा-धोकर फारिग हुई तो गर्म चादर ओढ़कर बालकनी में आ खड़ी हुई। तकरीबन एक घंटा सुल्ताना बालकनी में खड़ी रही। अब शाम हो गई थी। बत्तियाँ रोशन हो रही थीं। नीचे सड़क पर रौनक के आसार नजर आने लगे थे। सर्दी में थोड़ी-सी शिद्दत हो गई थी। मगर सुल्ताना को यह नागवार मालूम न हुई। वह सड़क पर आते-जाते ताँगों और मोटरों की तरफ एक अर्से से देख रही थी। अचानक उसे शंकर नजर आया। मकान के नीचे पहुँचकर उसने गर्दन ऊँची की और सुल्ताना की तरफ देखकर मुसकरा दिया। सुल्ताना ने गैर-इरादी तौर पर हाथ का इशारा किया और उसे ऊपर बुला लिया।

जब शंकर ऊपर आ गया तो सुल्ताना बहुत परेशान हुई कि उससे क्या कहे? दरअसल उसने ऐसे ही बिना सोचे-समझे उसे इशारा कर दिया था। शंकर अत्यंत संतुष्ट था, जैसे उसका अपना घर है। चुनाँचे बड़ी अनौपचारिकता से पहले दिन की तरह वह गाव तकिया सिर के नीचे रखकर लेट गया। जब सुल्ताना ने देर तक उससे कोई बात न की तो उसने कहा, "तुम मुझे सौ दफा बुला सकती हो और सौ दफा ही कह सकती हो कि चले जाओ—मैं ऐसी बातों पर कभी नाराज नहीं हुआ करता।"

सुल्ताना अन्यमनस्क हो गई। कहने लगी, "नहीं बैठो। तुम्हें जाने को कौन कहता है?"

शंकर इस पर मुस्करा दिया, "तो मेरी शर्तें तुम्हें मंजूर हैं?"

"कैसी शर्तें?" सुल्ताना ने हँसकर कहा, "क्या निकाह कर रहे हो मुझसे?"

"निकाह और शादी कैसी? न तुम उम्र-भर किसी से निकाह करोगी, न मैं। ये रस्में हम लोगों के लिए नहीं—छोड़ दो इन फजूलियात को, कोई काम की बात करो।"

"बोलो, क्या बात करूँ?"

"तुम औरत हो—कोई ऐसी बात शुरू करो, जिससे दो घड़ी दिल बहल जाए। इस दुनिया में सिर्फ दुकानदारी ही दुकानदारी नहीं, कुछ और भी है।"

सुल्ताना मानसिक तौर पर अब शंकर को कबूल कर चुकी थी। कहने लगी—"साफ-साफ कहो, तुम मुझसे क्या चाहते हो?"

"जो दूसरे चाहते हैं।" शंकर उठकर बैठ गया।

"तुममें और दूसरों में फिर फर्क ही क्या रहा?"

"तुममें और मुझमें कोई फर्क नहीं। उनमें और मुझमें जमीन-आसमान का फर्क है। ऐसी बहुत-सी बातें होती हैं, जो पूछना नहीं चाहिए।"

सुल्ताना ने थोड़ी देर तक शंकर की इस बात को समझने की कोशिश की, फिर कहा, "मैं समझ गई हूँ।"

"तो कहो, क्या इरादा है?"

"तुम जीते, मैं हारी। पर मैं कहती हूँ, आज तक किसी ने ऐसी बात कबूल न की होगी।"

"तुम गलत कहती हो—इस मुहल्ले में तुम्हें ऐसी सादा लोह औरतें भी मिल जाएँगीं जो कभी यकीन नहीं करेंगी कि औरत ऐसी जिल्लत कबूल कर सकती है, जो तुम बगैर किसी अहसास के कबूल करती रही हो। लेकिन इनके न यकीन करने के बावजूद तुम हजारों की तादाद में मौजूद हो—तुम्हारा नाम सुल्ताना है न?"

"सुल्ताना ही है।"

शंकर उठ खड़ा हुआ और हँसने लगा—"मेरा नाम शंकर है—ये नाम

भी अजब ऊट-पटाँग होते हैं, चलो आओ अंदर चलें।"

शंकर और सुल्ताना दीवाले कमरे में वापस आए तो दोनों हँस रहे थे। न जाने किस बात पर? जब शंकर जाने लगा तो सुल्ताना ने कहा, "शंकर मेरी एक बात मानोगे?"

शंकर ने जवाब में कहा, "पहले बात बताओ?"

सुलताना कुछ झेंप-सी गई, "तुम कहोगे कि मैं दाम वसूल करना चाहती हूँ मगर..... ।"

"कहो कहो—रुक क्यों गई हो?"

सुल्ताना ने हिम्मत से काम लेकर कहा, "बात यह है कि मुहर्रम आ रहा है और मेरे पास इतने पैसे नहीं कि काली सलवार बनवा सकूँ— यहाँ के सारे बखेड़े तो तुम मुझसे सुन ही चुके हो। कमीज और दुपट्टा मेरे पास मौजूद था, जो मैंने रँगवाने के लिए दे दिया है।"

शंकर ने यह सुनकर कहा, "तुम चाहती हो कि मैं तुम्हें कुछ रुपए दे दूँ जो तुम यह काली सलवार बनवा सको।"

सुल्ताना ने फौरन ही कहा, "नहीं मेरा मतलब ये है कि अगर हो सके तो तुम मुझे एक सलवार बनवा दो।"

शंकर मुसकराया, "मेरी जेब में तो इत्तफाक ही से कुछ होता है। बहरलाल मैं कोशिश करूँगा। मुहर्रम की पहली तारीख को तुम्हें यह सलवार मिल जाएगी। लो बस, अब खुश हो गईं?" सुल्ताना के बुंदों की तरफ देखकर शंकर ने पूछा, "क्या ये बुंदे तुम मुझे दे सकती हो?"

सुल्ताना ने हँसकर कहा, "तुम इन्हें क्या करोगे? चाँदी के मामूली बुंदे हैं। ज्यादा से ज्यादा पाँच रुपए के होंगे।"

इस पर शंकर ने कहा, "मैंने तुमसे बुंदे माँगे हैं? इनकी कीमत नहीं पूछी। बोलो देती हो?"

"ले लो।" यह कहकर सुल्ताना ने बुंदे उतारकर शंकर को दे दिए। उसे बाद में अफसोस हुआ, मगर शंकर जा चुका था।

सुल्ताना को कतई यकीन नहीं था कि शंकर अपना वायदा पूरा करेगा, मगर आठ रोज के बाद मुहर्रम की पहली तारीख को सुबह नौ बजे दरवाजे पर दस्तक हुई। सुल्ताना ने दरवाजा खोला तो शंकर खड़ा था। अखबार में

लिपटी हुई चीज उसने सुल्ताना को दी और कहा—"साटन की काली सलवार है। देख लेना शायद लंबी हो, अब मैं चलता हूँ।"

शंकर सलवार देकर चला गया और कोई बात सुल्ताना से न की। उसकी पतलून में शिकनें पड़ी हुई थीं। बाल बिखरे हुए थे। ऐसा मालूम होता था, अभी-अभी सोकर उठा है और सीधा इधर ही चला आया है।

सुल्ताना ने कागज खोला--साटन की काली सलवार थी। ऐसी ही जैसी वह अनवरी के पास देखकर आई थी। सुल्ताना बहुत खुश हुई। बुंदों और इस सौदे का जो अफसोस उसे हुआ था, इस सलवार ने और शंकर के वायदा निभाने ने उसे दूर कर दिया।

दोपहर को वह नीचे लांडरीवाले से अपनी रँगी हुई कमीज और दुपट्टा लेकर आई। तीनों काले कपड़े जब उसने पहन लिए तो दरवाजे पर दस्तक हुई। सुल्ताना ने दरवाजा खोला तो अनवरी अंदर दाखिल हुई, "कमीज और दुपट्टा तो रँगा हुआ मालूम होता है पर यह सलवार नई है—कब बनवाई?"

सुल्ताना ने जवाब दिया, "आज ही दरजी लाया है।" यह कहते हुए उसकी नजरें अनवरी के कानों पर पड़ीं—"ये बुंदे तुमने कहाँ से लिए हैं?"

अनवरी ने जवाब दिया, "आज ही मँगवाए हैं।"

इसके बाद दोनों को थोड़ी देर तक खामोश रहना पड़ा।

ठंडा गोश्त

ईशरसिंह ज्योंही होटल के कमरे में दाखिल हुआ, कुलवंत कौर पलंग पर से उठी। अपनी तेज-तेज आँखों से उसकी तरफ घूरकर देखा और दरवाजे की चिटखनी बंद कर दी। रात के बारह बज चुके थे। शहर का वातावरण एक अजीब रहस्यमयी खामोशी में गर्क था।

कुलवंत कौर पलंग पर आलती-पालथी मारकर बैठ गई। ईशरसिंह, जो शायद अपने समस्यापूर्ण विचारों के उलझे हुए धागे खोल रहा था, हाथ में किरपान लेकर उस कोने में खड़ा था। कुछ क्षण इसी तरह खामोशी में बीत गए। कुलवंत कौर को थोड़ी देर के बाद अपना आसन पसंद न आया और दोनों टाँगें पलंग के नीचे लटकाकर उन्हें हिलाने लगी। ईशरसिंह फिर भी कुछ न बोला।

कुलवंत कौर भरे-भरे हाथ-पैरोंवाली औरत थी। चौड़े-चकले कूल्हे, थुल-थुल करनेवाले गोश्त से भरपूर। कुछ बहुत ही ज्यादा ऊपर को उठा हुआ सीना, तेज आँखें, ऊपरी होंठ पर सुरमई गुबार, ठोड़ी की बनावट से पता चलता था कि बड़े धड़ल्ले की औरत है।

ईशरसिंह सिर नीचा किए एक कोने में चुपचाप खड़ा था। सिर पर उसके कसकर बाँधी हुई पगड़ी ढीली हो रही थी। उसने हाथ में जो किरपान थामी हुई थी, उसमें थोड़ी-थोड़ी कंपन थी, उसके आकार-प्रकार और डील-डौल से पता चलता था कि वह कुलवंत कौर जैसी औरत के लिए सबसे उपयुक्त मर्द है।

कुछ क्षण जब इसी तरह खामोशी में बीत गए तो कुलवंत कौर छलक पड़ी, लेकिन तेज-तेज आँखों को नचाकर वह सिर्फ इस कदर कह सकी—

"ईशरसियां!"

ईशरसिंह ने गर्दन उठाकर कुलवंत कौर की तरफ देखा, मगर उसकी निगाहों की गोलियों की ताब न लाकर मुँह दूसरी तरफ मोड़ लिया।

कुलवंत कौर चिल्लाई—"ईशरसियां!" लेकिन फौरन ही आवाज भींच ली और पलंग पर से उठकर उसकी तरफ होती हुई बोली—"कहाँ गायब रहे तुम इतने दिन?"

ईशरसिंह ने खुश्क होंठों पर ज़बान फेरी, "मुझे मालूम नहीं।"

कुलवंत कौर भन्ना गई, "यह भी कोई माँ यावां जवाब है!"

ईशरसिंह ने किरपान एक तरफ फेंक दी और पलंग पर लेट गया। ऐसा मालूम होता था, वह कई दिनों का बीमार है। कुलवंत कौर ने पलंग की तरफ देखा, जो अब ईशरसिंह से लबालब भरा था और उसके दिल में हमदर्दी की भावना पैदा हो गई। चुनाँचे उसके माथे पर हाथ रखकर उसने बड़े प्यार से पूछा—"जानी, क्या हुआ तुम्हें?"

ईशरसिंह छत की तरफ देख रहा था। उससे निगाहें हटाकर उसने कुलवंत कौर के परिचित चेहरे को टटोलना शुरू किया—"कुलवंत!"

आवाज में दर्द था। कुलवंत कौर सारी की सारी सिमटकर अपने ऊपरी होंठ में आ गई "हाँ, जानी!" कहकर वह उसको दाँतों से काटने लगी।

ईशरसिंह ने पगड़ी उतार दी। कुलवंत कौर की तरफ सहारा लेनेवाली निगाहों से देखा। उसके गोश्त-भरे कूल्हे पर जोर से धप्पा मारा और सिर को झटका देकर अपने-आपसे कहा, "इस कुड़ी दा दिमाग ही खराब है।"

झटके देने से उसके केश खुल गए। कुलवंत कौर अँगुलियों से उनमें कंघी करने लगी। ऐसा करते हुए उसने बड़े प्यार से पूछा, "ईशरसियां, कहाँ रहे तुम इतने दिन?"

"बुरे की माँ के घर।" ईशरसिंह ने कुलवंत कौर को घूरकर देखा और फौरन दोनों हाथों से उसके उभरे हुए सीने को मसलने लगा—"कसम वाहे गुरु की, बड़ी जानदार औरत हो।"

कुलवंत कौर ने एक अदा के साथ ईशरसिंह के हाथ एक तरफ झटक दिए और पूछा, "तुम्हें मेरी कसम, बताओ कहाँ रहे?—शहर गए थे?"

ईशरसिंह ने एक ही लपेट में अपने बालों का जूड़ा बनाते हुए जवाब

दिया, "नहीं।"

कुलवंत कौर चिढ़ गई, "नहीं, तुम जरूर शहर गए थे—और तुमने बहुत-सा रुपया लूटा है, जो मुझसे छुपा रहे हो।"

"वह अपने बाप का तुख्म न हो, जो तुमसे झूठ बोले।"

कुलवंत कौर थोड़ी देर के लिए खामोश हो गई, लेकिन फौरन ही भड़क उठी, "लेकिन मेरी समझ में नहीं आता, उस रात तुम्हें हुआ क्या?– अच्छे-भले मेरे साथ लेटे थे। मुझे तुमने वे तमाम गहने पहना रखे थे, जो तुम शहर से लूटकर लाए थे। मेरी भप्पियाँ ले रहे थे। पर जाने एकदम तुम्हें क्या हुआ, उठे और कपड़े पहनकर बाहर निकल गए।"

ईशरसिंह का रंग जर्द हो गया। कुलवंत कौर ने यह तबदीली देखते ही कहा, "देख कैसे रंग पीला पड़ गया—ईशरसियां, कसम वाहे गुरु की, जरूर कुछ दाल में काला है।"

"तेरी जान कसम, कुछ भी नहीं।"

ईशरसिंह की आवाज बेजान थी। कुलवंत कौर का शुबहा और ज्यादा मजबूत हो गया। ऊपरी होंठ भींचकर उसने एक-एक शब्द पर जोर देते हुए कहा, "ईशरसियां, क्या बात है, तुम वह नहीं हो, जो आज से आठ रोज पहले थे।"

ईशरसिंह एकदम उठ बैठा, जैसे किसी ने उस पर हमला किया था। कुलवंत कौर को अपने मजबूत बाजुओं में समेटकर उसने पूरी ताकत के साथ उसे भंभोड़ना शुरू कर दिया, "जानी, मैं वही हूँ—घुट-घुट पा जफ्फ़ियाँ तेरी निकले हड्डां दी गर्मी।"

कुलवंत कौर ने कोई बाधा न दी, लेकिन वह शिकायत करती रही, "तुम्हें उस रात क्या हो गया था?"

"बुरे की माँ का वह हो गया था।"

"बताओगे नहीं?"

"कोई बात हो तो बताऊँ।"

ईशरसिंह ने अपने बाजू उसकी गर्दन में डाल दिए और होंठ उसके होठों पर ग़ड़ा दिए। मूँछों के बाल कुलवंत कौर के नथुनों में घुसे, तो उसे छींक आ गई। दोनों हँसने लगे।

ईशरसिंह ने अपनी सदरी उतार दी और कुलवंत कौर को वासनामयी नजरों से देखकर कहा, "आओ जानी, एक बाजी ताश की हो जाए।"

कुलवंत कौर के ऊपरी होंठ पर पसीने की नन्ही-नन्ही बूँदें फूट आईं। एक अदा के साथ उसने अपनी आँखों की पुतलियाँ घुमाईं और कहा, "चल, दफा हो।"

ईशरसिंह ने उसके भरे हुए कूल्हे पर जोर से चुटकी भरी। कुलवंत कौर तड़पकर एक तरफ हट गई, "न कर ईशरसियां, मेरे दर्द होता है।"

ईशरसिंह ने आगे बढ़कर कुलवंत कौर का ऊपरी होंठ अपने दाँतों तले दबा लिया और कचकचाने लगा। कुलवंत कौर बिलकुल पिघल गई। ईशरसिंह ने अपना कुर्ता उतारकर फेंक दिया और कहा, "तो फिर हो जाए तुरप चाल।"

कुलवंत कौर का ऊपरी होंठ कँपकँपाने लगा। ईशरसिंह ने दोनों हाथों से कुलवंत कौर की कमीज का घेरा पकड़ा और जिस तरह बकरे की खाल उतारते हैं, उसी तरह उसको उतारकर फेंक दिया। फिर उसने घूरकर उसके नंगे बदन को देखा और जोर से उसके बाजू पर चुटकी भरते हुए कहा—"कुलवंत, कसम वाहे गुरु की! बड़ी करारी औरत हो तुम!"

कुलवंत कौर अपने बाजू पर उभरते हुए धब्बे को देखने लगी, "बड़ा जालिम है तू ईशरसियां!"

ईशरसिंह अपनी घनी काली मूँछों में मुसकराया, "होने दे आज जालिम" और यह कहकर उसने और जुल्म ढाने शुरू किए। कुलवंत कौर का ऊपरी होंठ दाँतों तले किचकिचाया, कान की लवों को काटा, उभरे हुए सीने को भंभोड़ा, भरे कूल्हों पर आवाज पैदा करनेवाले चाँटे मारे, गालों के मुँह भर-भरकर बोसे लिए, चूस-चूसकर उसका सीना थूकों से लथेड़ दिया। कुलवंत कौर तेज आँच पर चढ़ी हुई हाँडी की तरह उबलने लगी। लेकिन ईशरसिंह उन तमाम हीलों के बावजूद खुद में हरकत पैदा न कर सका। जितने गुर और जितने दाँव उसे याद थे, सबके-सब उसने पिट जानेवाले पहलवान की तरह इस्तेमाल कर दिए, परंतु कोई कारगर न हुआ। कुलवंत कौर के सारे बदन के तार तनकर खुद-ब-खुद बज रहे थे, गैरजरूरी छेड़-छाड़ से तंग आकर कहा, "ईशरसियां, काफी फैंट चुका है, अब पत्ता फेंक।"

यह सुनते ही ईशरसिंह के हाथ से जैसे ताश की सारी गड्डी नीचे फिसल गई। हाँफता हुआ वह कुलवंत कौर के पहलू में लेट गया और उसके माथे पर सर्द पसीने के लेप होने लगे।

कुलवंत कौर ने उसे गरमाने की बहुत कोशिश की, मगर नाकाम रही। अब तक सब कुछ मुँह से कहे बगैर होता रहा था, लेकिन जब कुलवंत कौर को प्रतीक्षा के बाद बेअमल अंगों से सख्त निराशा हुई तो वह झल्लाकर पलंग से उतर गई। सामने खूँटी पर चादर पड़ी थी। उसको उतारकर उसने जल्दी-जल्दी ओढ़कर और नथुने फुलाकर बिफरे हुए लहजे में कहा, "ईशरसियां, वह कौन हरामजादी है, जिसके पास तू इतने दिन रहकर आया है जिसने तुझे निचोड़ डाला है?"

ईशरसिंह पलंग पर लेटा हाँफता रहा और उसने कोई जवाब न दिया।

कुलवंत कौर गुस्से से उबलने लगी, "मैं पूछती हूँ, कौन है वह चड्डो—कौन है वह उल्फती, कौन है वह चोर-पत्ता?"

ईशरसिंह ने थके हुए लहजे में जवाब दिया, "कोई भी नहीं कुलवंत, कोई भी नहीं।"

कुलवंत कौर ने अपने भरे हुए कूल्हों पर हाथ रखकर एक दृढ़ता के साथ कहा, "ईशरसियां! मैं आज झूठ-सच जानकर रहूँगी—खा वाहे गुरु जी की कसम—क्या इसकी तह में कोई औरत नहीं?"

ईशरसिंह ने बड़े दुख के साथ हाँ में सिर हिलाया। कुलवंत कौर बिलकुल दीवानी हो गई। लपककर कोने में से किरपान उठाई। म्यान को केले के छिलके की तरह उतारकर एक तरफ फेंका और ईशरसिंह पर वार कर दिया।

आन की आन में लहू के फव्वारे छूट पड़े। कुलवंत कौर को इससे भी तसल्ली न हुई तो उसने वहशी बिल्लियों की तरह ईशरसिंह के केश नोचने शुरू कर दिए। साथ ही साथ वह अपनी नामालूम सौत को मोटी-मोटी गालियाँ देती रही। ईशरसिंह ने थोड़ी देर बाद दुबली आवाज में बिनती की, "जाने दे अब कुलवंत, जाने दे।"

आवाज में बला का दर्द था। कुलवंत कौर पीछे हट गई।

खून ईशरसिंह के गालों से अड़अड़ाकर उसकी मूँछों पर गिर रहा था। उसने अपने काँपते हुए होंठ खोले और कुलवंत कौर की तरफ शुक्रिए और

गिले में मिली-जुली निगाहों से देखा।

"मेरी जान! तुमने बहुत जल्दी की—लेकिन जो हुआ, ठीक है।"

कुलवंत कौर की ईर्ष्या फिर भड़की, "मगर वह कौन है, तुम्हारी माँ?"

लहू ईशरसिंह की जबान तक पहुँच गया। जब उसने उसका स्वाद चखा तो उसके बदन में झुरझुरी दौड़ गई।

"और मैं— और मैं मैनी या छह आदमियों को कत्ल कर चुका हूँ—इसी किरपान से।"

कुलवंत कौर के दिमाग में दूसरी औरत थी—"मैं पूछती हूँ, कौन है वह हरामजादी?"

ईशरसिंह की आँखें धुँधला रही थीं। एक हलकी-सी चमक उनमें पैदा हुई और उसने कुलवंत कौर से कहा, "गाली न दे उस भड़वी को।"

कुलवंत कौर चिल्लाई, "मैं पूछती हूँ, वह है कौन?"

ईशरसिंह के गले में आवाज रुँध गई—"बताता हूँ।" यह कहकर उसने अपनी गर्दन पर हाथ फेरा और उस पर जीता-जीता खून देखकर मुसकराया, "इनसान मां या भी एक अजीब चीज है।"

कुलवंत कौर उसके जवाब का इंतजार कर रही थी, "ईशरसिंह, तू मतलब की बात कर।"

ईशरसिंह की मुसकराहट उसकी लहू-भरी मूँछों में और ज्यादा फैल गई, "मतलब की बात कर रहा हूँ—गला चिरा हुआ मां या मेरा—अब धीरे-धीरे ही सारी बात बताऊँगा।"

और जब वह बताने लगा तो उसके माथे पर ठंडे पसीने के लेप होने लगे—"कुलवंत! मेरी जान— मैं तुम्हें बता सकता, मेरे साथ क्या हुआ—इनसान कुड़ी या भी एक अजीब चीज है—शहर में लूट मची तो सबकी तरह मैंने भी इसमें हिस्सा लिया—गहने-पाते और रुपए-पैसे जो भी हाथ लगे, वे मैंने तुम्हें दे दिए—लेकिन एक बात तुम्हें न बताई।"

ईशरसिंह ने घाव में दर्द महसूस किया और कराहने लगा। कुलवंत कौर ने उसकी तरफ तवज्जह न दी और बड़ी बेरहमी से पूछा, "कौन-सी बात?"

ईशरसिंह ने मूँछों पर जमे हुए लहू को फूँक के जरिए उड़ाते हुए कहा,

"जिस मकान पर····मैंने धावा बोला था····उसमें सात आदमी थे–छह मैंने ····कत्ल कर दिए····इसी किरपान से, जिससे तूने मुझे····छोड़ इसे····सुन···· एक लड़की थी, बहुत ही सुंदर, उसको उठाकर मैं अपने साथ ले आया।"

कुलवंत कौर खामोश सुनती रही। ईशरसिंह ने एक बार फिर फूँक मारकर मूँछों पर से लहू उड़ाया–"कुलवंत जानी, मैं तुमसे क्या कहूँ, कितनी सुंदर थी–मैं उसे भी मार डालता, पर मैंने कहा, "नहीं ईशरसियां, कुलवंत कौर के तो हर रोज मजे लेता है, यह मेवा भी चखकर देख।"

कुलवंत कौर ने सिर्फ इस कदर कहा, "हूँ।"

"और मैं उसे कंधे पर डालकर चल दिया····रास्ते में····क्या कह रहा था मैं····हाँ, रास्ते में नहर की पटड़ी के पास, थूहड़ की झाड़ियों तले मैंने उसे लिटा दिया–पहले सोचा कि फैंटू, फिर खयाल आया कि नहीं।" यह कहते-कहते ईशरसिंह की जबान सूख गई।

कुलवंत कौर ने थूक निगलकर अपना हलक तर किया और पूछा, "फिर क्या हुआ?"

ईशरसिंह के हलक से मुश्किल से ये शब्द निकले, "मैंने····पत्ता फेंका ····लेकिन····लेकिन····।"

उसकी आवाज डूब गई। कुलवंत कौर ने उसे झिंझोड़ा, "फिर क्या हुआ?"

ईशरसिंह ने अपनी बंद होती आँखें खोलीं और कुलवंत कौर के जिस्म की तरफ देखा, जिसकी बोटी-बोटी थिरक रही थी–"वह····वह मरी हुई लाश थी····बिलकुल ठंडा गोश्त····जानी, मुझे अपना हाथ दे····।"

कुलवंत कौर ने अपना हाथ ईशरसिंह के हाथ पर रखा, जो बर्फ से भी ज्यादा ठंडा था।

खोल दो

अमृतसर से स्पेशल ट्रेन दोपहर दो बजे चली और आठ घंटों के बाद मुगलपुरा पहुँची। रास्ते में कई आदमी मारे गए। अनेक जख्मी हुए और कुछ इधर-उधर भटक गए।

सुबह दस बजे कैंप की ठंडी जमीन पर जब सराजुद्दीन ने आँखें खोलीं और अपने चारों तरफ मर्दों, औरतों और बच्चों का एक उमड़ता समुद्र देखा तो उसकी सोचने-समझने की शक्तियाँ और भी बूढ़ी हो गईं। वह देर तक गँदले आसमान को टकटकी बाँधे देखता रहा। यूँ तो कैंप में शोर मचा हुआ था, लेकिन बूढ़े सराजुद्दीन के कान जैसे बंद थे। उसे कुछ सुनाई नहीं देता था। कोई उसे देखता तो यह खयाल करता कि वह किसी गहरी नींद में गर्क है, मगर ऐसा नहीं था। उसके होश-हवास गायब थे। उसका सारा अस्तित्व शून्य में लटका हुआ था।

गँदले आसमान की तरफ बगैर किसी इरादे के देखते-देखते सराजुद्दीन की निगाहें सूरज से टकराईं। तेज रोशनी उसके अस्तित्व की रग-रग में उतर गई और वह जाग उठा। ऊपर-तले उसके दिमाग में कई तस्वीरें दौड़ गईं—लूट, आग, भागम-भाग, स्टेशन, गोलियाँ, रात और सकीना.....सराजुद्दीन एकदम उठ खड़ा हुआ और पागलों की तरह उसने चारों तरफ फैले हुए इनसानों के समुद्र को खँगालना शुरू कर दिया।

पूरे तीन घंटे वह 'सकीना-सकीना' पुकारता कैंप की खाक छानता रहा, मगर उसे अपनी जवान इकलौती बेटी का कोई पता न मिला। चारों तरफ एक धाँधली-सी मची थी। कोई अपना बच्चा ढूँढ़ रहा था, कोई माँ, कोई बीवी और कोई बेटी। सराजुद्दीन थक-हारकर एक तरफ बैठ गया और

मस्तिष्क पर ज़ोर देकर सोचने लगा कि सकीना उससे कब और कहाँ अलग हुई, लेकिन सोचते-सोचते उसका दिमाग सकीना की माँ की लाश पर जम जाता, जिसकी सारी अँतड़ियाँ बाहर निकली हुई थीं। उससे आगे वह और कुछ न सोच सका।

सकीना की माँ मर चुकी थी। उसने सराजुद्दीन की आँखों के सामने दम तोड़ा था, लेकिन सकीना कहाँ थी, जिसके विषय में माँ ने मरते हुए कहा था, "मुझे छोड़ दो और सकीना को लेकर जल्दी यहाँ से भाग जाओ।"

सकीना उसके साथ ही थी। दोनों नंगे पाँव भाग रहे थे। सकीना का दुपट्टा गिर पड़ा था। उसे उठाने के लिए उसने रुकना चाहा था। सकीना ने चिल्लाकर कहा था, "अब्बाजी—छोड़िए!" लेकिन उसने दुपट्टा उठा लिया था।.....यह सोचते-सोचते उसने अपने कोट की उभरी हुई जेब की तरफ देखा और उसमें हाथ डालकर एक कपड़ा निकाला, सकीना का वही दुपट्टा था, लेकिन सकीना कहाँ थी?

सराजुद्दीन ने अपने थके हुए दिमाग पर बहुत जोर दिया, मगर वह किसी नतीजे पर न पहुँच सका। क्या वह सकीना को अपने साथ स्टेशन तक ले आया था?—क्या वह उसके साथ ही गाड़ी में सवार थी?—रास्ते में जब गाड़ी रोकी गई थी और बलवाई अंदर घुस आए थे तो क्या वह बेहोश हो गया था, जो वे सकीना को उठाकर ले गए?

सराजुद्दीन के दिमाग में सवाल-ही-सवाल थे, जवाब कोई भी नहीं था। उसको हमदर्दी की जरूरत थी, लेकिन चारों तरफ जितने भी इनसान फँसे हुए थे, सबको हमदर्दी की जरूरत थी। सराजुद्दीन ने रोना चाहा, मगर आँखों ने उसकी मदद न की। आँसू न जाने कहाँ गायब हो गए थे।

छह रोज के बाद जब होश-व-हवास किसी कदर दुरुस्त हुए तो सराजुद्दीन उन लोगों से मिला जो उसकी मदद करने के लिए तैयार थे। आठ नौजवान थे, जिनके पास लाठियाँ थीं, बंदूकें थीं। सराजुद्दीन ने उनको लाख-लाख दुआएँ दीं और सकीना का हुलिया बताया, "गोरा रंग है और बहुत खूबसूरत है.....मुझ पर नहीं अपनी माँ पर थी.....उम्र सत्रह वर्ष के करीब है।.....आँखें बड़ी-बड़ी.....बाल स्याह, दाहिने गाल पर मोटा-सा तिल.....मेरी इकलौती लड़की है। ढूँढ़ लाओ, खुदा तुम्हारा भला करेगा।"

रजाकार नौजवानों ने बड़े जज्बे के साथ बूढ़े सराजुद्दीन को यकीन दिलाया कि अगर उसकी बेटी जिंदा हुई तो चंद ही दिनों में उसके पास होगी।

आठों नौजवानों ने कोशिश की। जान हथेली पर रखकर वे अमृतसर गए। कई मर्दों और कई बच्चों को निकाल-निकालकर उन्होंने सुरक्षित स्थानों पर पहुँचाया। दस रोज गुजर गए, मगर उन्हें सकीना न मिली।

एक रोज इसी सेवा के लिए लारी पर अमृतसर जा रहे थे कि छहरटा के पास सड़क पर उन्हें एक लड़की दिखाई दी। लारी की आवाज सुनकर वह बिदकी और भागना शुरू कर दिया। रजाकारों ने मोटर रोकी और सबके-सब उसके पीछे भागे। एक खेत में उन्होंने लड़की को पकड़ लिया। देखा, तो बहुत खूबसूरत थी। दाहिने गाल पर मोटा तिल था। एक लड़के ने उससे कहा, "घबराओ नहीं—क्या तुम्हारा नाम सकीना है?"

लड़की का रंग और भी जर्द हो गया। उसने कोई जवाब नहीं दिया, लेकिन जब तमाम लड़कों ने उसे दम-दिलासा दिया तो उसकी दहशत दूर हुई और उसने मान लिया कि वह सराजुद्दीन की बेटी सकीना है।

आठ रजाकार नौजवानों ने हर तरह सकीना की दिलजोई की। उसे खाना खिलाया, दूध पिलाया और लारी में बैठा दिया। एक ने अपना कोट उतारकर उसे दे दिया, क्योंकि दुपट्टा न होने के कारण वह बहुत उलझन महसूस कर रही थी और बार-बार बाँहों से अपने सीने को ढकने की कोशिश में लगी हुई थी।

कई दिन गुजर गए—सराजुद्दीन को सकीना की कोई खबर न मिली। वह दिन-भर विभिन्न कैंपों और दफ्तरों के चक्कर काटता रहता, लेकिन कहीं से भी उसकी बेटी का पता न चला। रात को वह बहुत देर तक उन रजाकार नौजवानों की कामयाबी के लिए दुआएँ माँगता रहता, जिन्होंने उसको यकीन दिलाया था कि अगर सकीना जिंदा हुई तो चंद दिनों में ही उसे ढूँढ़ निकालेंगे।

एक रोज सराजुद्दीन ने कैंप में उन नौजवान रजाकारों को देखा। लारी में बैठे थे। सराजुद्दीन भागा-भागा उनके पास गया। लारी चलने ही वाली थी कि उसने पूछा—"बेटा, मेरी सकीना का पता चला?"

सबने एक जवाब होकर कहा, "चल जाएगा, चल जाएगा।" और लारी चला दी। सराजुद्दीन ने एक बार फिर उन नौजवानों की कामयाबी की दुआ

माँगी और उसका जी किसी कदर हलका हो गया।

शाम के करीब कैंप में जहाँ सराजुद्दीन बैठा था, उसके पास ही कुछ गड़बड़-सी हुई। चार आदमी कुछ उठाकर ला रहे थे। उसने मालूम किया तो पता चला कि एक लड़की रेलवे लाइन के पास बेहोश पड़ी थी। लोग उसे उठाकर लाए हैं। सराजुद्दीन उनके पीछे हो लिया। लोगों ने लड़की को अस्पतालवालों के सुपुर्द किया और चले गए।

कुछ देर वह ऐसे ही अस्पताल के बाहर गड़े हुए लकड़ी के खंबे के साथ लगकर खड़ा रहा। फिर आहिस्ता-आहिस्ता अंदर चला गया। कमरे में कोई भी नहीं था। एक स्ट्रेचर था, जिस पर एक लाश पड़ी थी। सराजुद्दीन छोटे-छोटे कदम उठाता उसकी तरफ बढ़ा। कमरे में अचानक रोशनी हुई। सराजुद्दीन ने लाश के जर्द चेहरे पर चमकता हुआ तिल देखा और चिल्लाया–"सकीना!"

डॉक्टर, जिसने कमरे में रोशनी की थी, ने सराजुद्दीन से पूछा, "क्या है?"

सराजुद्दीन के हलक से सिर्फ इस कदर निकल सका, "जी मैं···जी मैं···इसका बाप हूँ।"

डॉक्टर ने स्ट्रेचर पर पड़ी हुई लाश की नब्ज टटोली और सराजुद्दीन से कहा, "खिड़की खोल दो।"

सकीना के मुर्दा जिस्म में जुंबिश हुई। बेजान हाथों से उसने अजारबंद खोला और सलवार नीचे सरका दी। बूढ़ा सराजुद्दीन खुशी से चिल्लाया, "जिंदा है–मेरी बेटी जिंदा है–।" डॉक्टर सिर से पैर तक पसीने में गर्क हो गया।

●●●